Malaise dans la civilisation

BIBLIOTHÈQUE DE PSYCHANALYSE
DIRIGÉE PAR JEAN LAPLANCHE

Malaise dans la civilisation

SIGMUND FREUD

TRADUIT DE L'ALLEMAND
PAR CH. ET J. ODIER

PRESSES UNIVERSITAIRES DE FRANCE

Le présent ouvrage est la traduction française de :
DAS UNBEHAGEN IN DER KULTUR
par Sigmund FREUD
(Vienne, 1929)

ISBN 2 13 044467 9
ISSN 0768 4096

Dépôt légal — 1re édition : 1971
12e édition : 1992, avril

I

On ne peut se défendre de l'impression que les hommes se trompent généralement dans leurs évaluations (1). Tandis qu'ils s'efforcent d'acquérir à leur profit la jouissance, le succès ou la richesse, ou qu'ils les admirent chez autrui, ils sous-estiment en revanche les vraies valeurs de la vie. Mais sitôt qu'on porte un jugement d'un ordre aussi général, on s'expose au danger d'oublier la grande diversité que présentent les êtres et les âmes. Une époque peut ne pas se refuser à honorer de grands hommes, bien que leur célébrité soit due à des qualités et des œuvres totalement étrangères aux objectifs et aux idéals de la masse. On admettra volontiers, toutefois, que seule une minorité sait les reconnaître, alors que la grande majorité les ignore. Mais, étant donné que les pensées des hommes ne s'accordent pas avec leurs actes, en raison au surplus de la multiplicité de leurs désirs instinctifs, les choses ne sauraient être aussi simples.

L'un de ces hommes éminents se déclare dans ses lettres mon ami. Je lui avais adressé le petit livre où je traite la religion d'illusion ; il me répondit qu'il serait entièrement d'accord avec moi s'il ne devait regretter que je n'eusse tenu aucun compte de la source réelle de la religiosité. Celle-ci résiderait,

(1) *Malaise dans la civilisation* est l'un des textes classiques qui, publiés primitivement dans la *Revue française de Psychanalyse*, sont devenus introuvables. Il nous a semblé important de le remettre à la disposition de nos lecteurs. La présente traduction a paru dans la *Revue française de Psychanalyse*, t. VII, n° 4, 1934, p. 692, et t. XXXIV, n° 1, 1970, p. 9. *(Note de l'Editeur.)*

à ses yeux, dans un sentiment particulier dont lui-même était constamment animé, dont beaucoup d'autres lui avaient confirmé la réalité, dont enfin il était en droit de supposer l'existence chez des millions d'êtres humains. Ce sentiment, il l'appellerait volontiers la sensation de l'éternité, il y verrait le sentiment de quelque chose d'illimité, d'infini, en un mot : d' « océanique ». Il en ferait ainsi une donnée purement subjective, et nullement un article de foi. Aucune promesse de survie personnelle ne s'y rattacherait. Et pourtant, telle serait la source de l'énergie religieuse, source captée par les diverses Eglises ou les multiples systèmes religieux, par eux canalisée dans certaines voies, et même tarie aussi. Enfin la seule existence de ce sentiment océanique autoriserait à se déclarer religieux, alors même qu'on répudierait toute croyance ou toute illusion.

Cette déclaration de la part d'un ami que j'honore, et qui a lui-même décrit en termes poétiques le charme de l'illusion, m'a fort embarrassé. En moi-même, impossible de découvrir pareil sentiment « océanique ». Et puis, il est malaisé de traiter scientifiquement des sentiments. On peut tenter d'en décrire les manifestations physiologiques. Mais, quand celles-ci vous échappent — et je crains fort que le sentiment océanique lui aussi ne se dérobe à une telle description —, il ne reste qu'à s'en tenir au contenu des représentations les plus aptes à s'associer au sentiment en question. Si j'ai bien compris mon ami, sa pensée aurait quelque analogie avec celle de ce poète original qui, en guise de consolation, en face d'une mort librement choisie, fait dire à son héros : « Nous ne pouvons choir de ce monde » (1). Il s'agirait donc d'un sentiment d'union indissoluble avec le

(1) D. Chr. GRABBE, *Hannibal* : « Certes nous ne tomberons jamais au-dehors du monde. Si nous y sommes, c'est une fois pour toutes. »

grand Tout, et d'appartenance à l'universel. Mais, à mon sens, il s'agirait plutôt d'une vue intellectuelle, associée à un élément affectif certain, lequel, comme on sait, ne fait jamais défaut dans des pensées de si vaste envergure. Si je m'analyse, je ne puis me convaincre par moi-même de la nature primaire d'un tel sentiment, mais ceci ne m'autorise pourtant pas à en nier la réalité chez autrui. La seule question est de savoir si son interprétation est exacte et si l'on doit reconnaître en lui le *fons et origo* de tout besoin religieux.

Je ne puis apporter au débat aucun élément propre à influencer de façon décisive la solution de ce problème. L'idée que l'être humain puisse être renseigné sur les liens qui l'unissent au monde ambiant par un sentiment immédiat et l'orientant dès l'origine dans ce sens, cette idée semble si étrange, s'insère si mal dans la trame de notre psychologie qu'un essai d'interprétation psychanalytique, c'est-à-dire génétique, s'impose à son sujet.

Le premier raisonnement dont nous disposons est le suivant : normalement, rien n'est plus stable en nous que le sentiment de nous-mêmes, de notre propre Moi. Ce Moi nous apparaît indépendant, un, et bien différencié de tout le reste. Mais que cette apparence soit trompeuse, que le Moi au contraire rompe toute limite précise, et se prolonge dans une autre entité inconsciente que nous appelons le soi et auquel il ne sert proprement que de façade, c'est ce que, la première, l'investigation psychanalytique nous a appris ; et, d'ailleurs, nous attendons encore maints autres éclaircissements sur les relations qui lient le Moi au soi. Mais, considéré de l'extérieur tout au moins, le Moi paraît comporter des limites nettes et précises. Il n'est qu'un seul état — exceptionnel il est vrai, mais qu'on ne saurait pour cela qualifier de morbide — qui soit de nature à modifier cette situation : au plus fort de l'état amoureux, la démarcation entre le Moi et l'objet court le risque de s'effacer. A l'encontre de tous les témoignages des sens, l'amoureux soutiendra que Moi et Toi ne font qu'un, et il est tout prêt à se comporter comme s'il en était réellement ainsi. Ce qu'une fonction physiologique peut suspendre momentanément doit naturellement aussi pouvoir être troublé par des processus morbides. La pathologie nous fait connaître une multitude d'états où la délimitation du Moi d'avec le monde extérieur devient incertaine, fait l'objet d'un tracé réellement inexact : dans certains cas, des parties de notre propre corps, voire des éléments de notre propre vie psychique, perceptions, pensées, sentiments, apparaissent comme étrangers, semblent ne plus faire partie du Moi ; dans d'autres cas, on attribue au monde extérieur ce qui visiblement a pris naissance dans le Moi et devrait être reconnu par lui. Ainsi donc le sentiment du Moi est lui-même soumis à des altérations, et ses limites ne sont pas constantes.

En poursuivant ce raisonnement, nous sommes amenés à nous dire ceci : le sentiment du Moi que possède l'adulte n'a pu être tel dès l'origine. Il a dû subir une évolution qu'on ne peut évidemment pas démontrer, mais qui, en revanche, se laisse reconstituer avec une vraisemblance suffisante (1). Le nourrisson ne différencie pas encore son Moi d'un monde extérieur qu'il considère comme la source des multiples sensations affluant en lui. Il n'apprend à le faire que peu à peu, qu'en vertu d'incitations diverses venues du dehors. Un fait en tout cas doit lui faire la plus forte impression, c'est que certaines sources d'excitation, qu'il ne reconnaîtra que plus tard comme émanant de ses propres organes, sont susceptibles de lui procurer des sensations de tous les instants, alors que

(1) Cf. les nombreux travaux sur le développement et le sentiment du Moi ou sur les stades de développement du sens de la réalité, depuis ceux de Ferenczi (1913) jusqu'aux contributions de P. Federn (1926-1927) et d'autres publiées depuis lors.

certaines autres, plus fugitives, tarissent périodiquement — parmi ces dernières, relevons la plus convoitée : le sein maternel — et ne jaillissent à nouveau que si lui-même a recours aux cris.

De la sorte, le Moi se trouve placé pour la première fois en face d'un « objet », autrement dit d'une chose située « au-dehors », et que seule une action particulière contraint à apparaître. Un second facteur va contribuer, en outre, à détacher le Moi de l'ensemble des sensations, c'est-à-dire à lui faire apercevoir ce « dehors » : ce sont les sensations de douleur et de souffrance fréquentes, variées et inévitables que le « principe du plaisir », en maître absolu, exige que l'on supprime ou que l'on évite. La tendance se développe à isoler du Moi, à expulser au-dehors tout ce qui peut devenir source de déplaisir, à former ainsi un Moi purement hédonique (1) auquel s'oppose un monde extérieur, un « dehors » étranger et menaçant. Les limites de ce Moi hédonique primitif ne pourront échapper à une rectification imposée par l'expérience. Il existe maintes choses auxquelles on voudrait ne pas renoncer en tant que sources de plaisir et qui ne sont pourtant pas « Moi », mais « objet ». Et maints tourments qu'on veut éviter se révèlent malgré tout comme inséparables du Moi, et d'origine interne. On apprend alors à connaître un procédé permettant, au moyen d'une orientation intentionnelle de l'activité des organes des sens et, d'autre part, d'une action musculaire appropriée, de distinguer l'Interne — se rapportant au Moi — de l'Externe — provenant du monde extérieur — et c'est en franchissant cette étape qu'on assimile pour la première fois le « principe de réalité » qui doit dominer l'évolution ultérieure. Cette distinction tend naturellement vers un but pratique : la défense contre les sensations pénibles

(1) Dans le texte allemand : l'équation *Lust-Ich*, soit Moi-plaisir. *(N.d.T.)*

perçues ou simplement menaçantes. Le fait que le Moi ne recourt à aucune autre méthode de défense contre certaines excitations déplaisantes d'origine interne que celles dont il use contre les sensations désagréables d'origine externe, voilà qui deviendra le point de départ de troubles morbides importants.

C'est donc de cette manière que le Moi se détache du monde extérieur. Ou plus exactement : à l'origine le Moi inclut tout, plus tard il exclut de lui le monde extérieur. Par conséquent, notre sentiment actuel du Moi n'est rien de plus que le résidu pour ainsi dire rétréci (1) d'un sentiment d'une étendue bien plus vaste, si vaste qu'il embrassait tout, et qui correspondait à une union plus intime du Moi avec son milieu. Si nous admettons que ce sentiment primaire du Moi s'est conservé — en plus ou moins large mesure — dans l'âme de beaucoup d'individus, il s'opposerait en quelque sorte au sentiment du Moi propre à l'âge mûr, et dont la délimitation est plus étroite et plus précise. Et les représentations qui lui sont propres auraient précisément pour contenu les mêmes notions d'illimité et d'union avec le grand Tout, auxquelles recourait mon ami pour définir le sentiment « océanique ». Et, cependant, sommes-nous en droit d'admettre la survivance du primitif à côté de l'évolué qui en est émané ?

Sans aucun doute, car pareil phénomène n'a rien pour nous surprendre, ni dans le domaine psychique ni dans d'autres. Dans celui de l'évolution animale, nous nous en tenons à la conception que les espèces les plus évoluées sont issues des plus primitives. Et pourtant nous rencontrons aujourd'hui encore toutes les modalités de vie les plus simples parmi les espèces vivantes. Celle des grands sauriens s'est

(1) Dans le texte allemand : « ratatiné ». *(N.d.T.)*

éteinte pour faire place aux mammifères, et pourtant un représentant authentique de cette espèce, le crocodile, vit encore au milieu de nous. L'analogie peut sembler trop lointaine ; elle souffre, en outre, du fait que la plupart des espèces inférieures survivantes ne sont pas les vrais ancêtres des espèces actuelles plus lentement évoluées. Les types intermédiaires ont généralement disparu, et nous ne les connaissons qu'à l'aide d'une reconstitution. Dans le domaine psychique, en revanche, la survivance de l'état primitif, à côté de l'état transformé qui en dérive, est si fréquente qu'il devient superflu de la prouver par des exemples ; le plus souvent, elle est consécutive à une scissure au cours du développement. Tandis que tel élément (quantitatif) d'une certaine attitude ou d'un certain instinct a pu échapper à toute modification, tel autre a subi celle inhérente au développement ultérieur.

Nous touchons ici au problème plus général de la « conservation des impressions psychiques » (1), qui n'a pour ainsi dire jamais encore été abordé. Il est pourtant si séduisant et si important que nous sommes en droit de lui accorder un instant d'attention, même si l'occasion n'en paraît pas justifiée. Depuis que, revenus d'une erreur, nous ne considérons plus nos oublis courants comme dus à une destruction des traces mnésiques, donc à leur anéantissement, nous inclinons à cette conception opposée : rien dans la vie psychique ne peut se perdre, rien ne disparaît de ce qui s'est formé, tout est conservé d'une façon quelconque et peut reparaître dans certaines circonstances favorables, par exemple au cours d'une régression suffisante. Il est permis de chercher à se rendre compte du sens de cette conception par une comparaison empruntée à un autre domaine.

(1) Dans le texte allemand : « conservation dans le psychisme ». *(N.d.T.)*

Prenons comme exemple approximatif le développement de la Ville Eternelle (1). Les historiens nous enseignent que la Rome la plus primitive était la *Roma quadrata*, colonie entourée de palissades sur le Palatin. A ce premier stade succède celui du *Septimontium*, sorte d'agglomération des colonies sises sur les diverses collines, puis celui de la cité que Servius Tullius cerna d'un mur. A un stade plus avancé encore, et à la suite de toutes les transformations pratiquées sous la République et le jeune Empire, ce fut enfin la ville que l'empereur Aurélien entoura de remparts. Mais laissons là les modifications de Rome, et demandons-nous plutôt ce qu'un visiteur, muni des connaissances historiques et topographiques les plus complètes, saurait aujourd'hui retrouver de ces stades primitifs. Il verra le mur aurélien encore intact, à part quelques brèches. A certains endroits, il pourra découvrir quelques vestiges de l'enceinte de Servius mis à jour par des fouilles. Muni de connaissances suffisantes — supérieures à celles de l'archéologie moderne —, il pourra peut-être en tracer le parcours complet sur un plan de la ville et reconstituer aussi la configuration de la *Roma quadrata*. Mais, des constructions qui remplissaient jadis ce cadre ancien, il ne retrouvera rien, ou seulement des restes insignifiants, car elles n'existent plus. En supposant qu'il connût à fond la Rome de la République, ses connaissances lui permettraient tout au plus de repérer l'emplacement des temples et des édifices publics de cette époque. Or, ces emplacements ne révèlent plus que des ruines, même plus les ruines authentiques de ces monuments, mais celles de reconstructions postérieures exécutées à la suite d'incendies ou de destructions. Inutile d'ajouter que ces débris de la Rome antique

(1) D'après *The Cambridge Ancient History*, t. VII, 1928 : *The founding of Rome*, by Hugh Last.

apparaissent noyés dans le chaos d'une ville qui n'a cessé de grandir depuis la Renaissance, au cours de ces derniers siècles. Et que d'antiquités demeurent sûrement ensevelies dans son sol ou sous ses bâtiments modernes ! Tel est le mode de conservation du passé propre à ce genre de villes historiques auquel Rome appartient.

Imaginons, à présent, qu'elle ne soit point un lieu d'habitations humaines, mais un être psychique au passé aussi riche et aussi lointain, où rien de ce qui s'est une fois produit ne se serait perdu, et où toutes les phases récentes de son développement subsisteraient encore à côté des anciennes. En ce qui concerne Rome, cela signifierait donc que sur le Palatin les palais impériaux et le Septizonium de Septime Sévère s'élèveraient toujours à leur hauteur initiale, que les créneaux du château Saint-Ange seraient encore surmontés des belles statues qui les ornaient avant le siège des Goths, etc. ; mais plus encore, à la place du Palazzo Caffarelli, que l'on ne serait pourtant pas obligé de démolir pour cela, s'élèverait de nouveau le temple de Jupiter Capitolin, et non seulement sous sa forme définitive, celle que contemplèrent les Romains de l'Empire, mais aussi sous sa forme étrusque primitive, alors que des antéfixes de terre cuite le paraient encore. Sur l'emplacement actuel du Colisée, nous pourrions admirer aussi la *Domus aurea* de Néron aujourd'hui disparue ; sur celui du Panthéon, nous trouverions non seulement le Panthéon d'aujourd'hui, tel qu'Adrien nous l'a légué, mais aussi sur le même sol le monument primitif d'Agrippa ; et ce même sol porterait encore l'église de Maria Sopra Minerva, ainsi que le temple antique sur lequel elle fut construite. Il suffirait alors à l'observateur de changer la direction de son regard, ou son point de vue, pour faire surgir l'un ou l'autre de ces aspects architecturaux.

Poursuivre cette fantaisie serait dénué de sens, car elle

conduit à des représentations qui ne sont plus concevables et qui deviennent absurdes. Si nous voulons traduire dans l'espace la succession historique, nous ne pouvons le faire qu'en plaçant spatialement les choses côte à côte ; la même unité de lieu ne tolère point deux contenus différents. Notre tentative semble donc un jeu futile. Sa seule justification est de nous faire voir combien nous sommes loin de pouvoir saisir au moyen d'images visuelles les caractéristiques de la vie de l'esprit.

Il nous faut encore prendre position devant une seconde objection ; car on peut nous demander pour quelle raison nous avons précisément choisi le passé d'une ville comme objet de comparaison avec le passé d'une âme. La thèse de la conservation totale du passé n'est applicable à la vie de l'esprit que si l'organe du psychisme est demeuré intact et si les tissus du cerveau n'ont souffert d'aucun traumatisme ni d'aucune inflammation. Et pourtant des actions délétères, comparables auxdites causes morbides, ne manquent à l'histoire d'aucune ville, même dont le passé soit moins tourmenté que celui de Rome, même si, à l'instar de Londres, aucun ennemi ne l'a jamais mutilée. Le développement le plus paisible de toute ville implique des démolitions et des remplacements de bâtisses ; une ville est donc *a priori* impropre à toute comparaison semblable avec un organisme psychique.

Nous nous rendons à cet argument, et, renonçant à un contraste qui voulait être frappant, nous nous adressons à un objet de comparaison mieux approprié, tel que le corps de l'animal ou de l'homme. Mais ici nous nous heurtons à la même difficulté. Les phases antérieures de l'évolution ne sont pas mieux conservées ; elles se sont également perdues dans les suivantes, auxquelles elles ont abandonné leur matière. Impossible de déceler l'embryon chez l'adulte ; si le thymus que possédait l'enfant est remplacé par du tissu conjonctif après la puberté, la glande elle-même n'existe tout de même plus. Je peux, il est vrai, redessiner les contours des canalicules du fémur de l'enfant à l'intérieur de celui de l'homme fait, mais cet os infantile lui-même a disparu en s'allongeant et se condensant pour acquérir sa forme définitive. Nous devons donc nous en tenir à cette constatation que la persistance de tous les stades passés au sein du stade terminal n'est possible que dans le domaine psychique, et que la claire vision de ce phénomène se dérobe à nos yeux.

Peut-être est-ce là trop dire encore. Peut-être devrions-nous nous contenter de prétendre que le passé *peut* se perpétuer dans l'âme, qu'il n'est pas *nécessairement* exposé à la destruction. Peut-être encore, même dans ce domaine — normalement ou exceptionnellement —, un grand nombre d'éléments anciens sont-ils suffisamment effacés ou résorbés pour qu'aucun événement ne puisse désormais les faire reparaître ni revivre, ou encore, d'une façon générale, cette conservation implique-t-elle certaines conditions favorables. Tout cela est possible, mais à la vérité nous n'en savons rien. Bornons-nous donc à formuler qu'en ce qui concerne la vie psychique la conservation du passé est plutôt la règle qu'une étrange exception.

Si donc nous sommes tout à fait disposés à admettre l'existence chez un grand nombre d'êtres humains d'un sentiment « océanique », et si nous inclinons à le rapporter à une phase primitive du sentiment du Moi, dès lors une nouvelle question se pose à nous : a-t-on le droit de considérer ce sentiment océanique comme la source de tout besoin religieux ?

Je n'en suis, pour ma part, nullement convaincu. Un sentiment ne peut devenir une source d'énergie que s'il est lui-même l'expression d'un puissant besoin. Quant aux besoins religieux, leur rattachement à l'état infantile de dépendance absolue, ainsi qu'à la nostalgie du père que suscite cet état, me semble irréfutable, d'autant plus que ledit sentiment n'est pas simplement dû à une survivance de ces besoins infantiles, mais qu'il est entretenu de façon durable par l'angoisse ressentie par l'homme devant la prépondérance puissante du sort. Je ne saurais trouver un autre besoin d'origine infantile aussi fort que celui de protection par le père. Cette considération suffit à retirer au sentiment océanique, qui tend en quelque sorte au rétablissement du narcissisme illimité, son rôle de premier plan. On peut suivre d'un trait sûr l'origine de l'attitude religieuse en remontant au sentiment infantile de dépendance. Et si peut-être autre chose encore se cache là derrière, ce quelque chose en attendant reste enveloppé de nuées.

Je conçois que le sentiment océanique ait été mis secondairement en rapport avec la religion. Cette pensée, qu'il implique, de ne faire qu'un avec le grand Tout nous apparaît comme une première recherche de consolation religieuse, comme une autre manière de nier le danger dont le Moi se sent menacé par le monde extérieur. Je me sens mal à l'aise, je l'avoue une fois encore, à disserter sur de tels impondérables.

Un autre de mes amis, qu'une curiosité insatiable a incité aux expériences les plus extraordinaires et a finalement rendu omniscient, m'a assuré qu'en pratiquant le yoga, c'est-à-dire en se détournant du monde extérieur, en fixant son attention sur certaines fonctions corporelles, et en respirant d'une façon particulière, on parvient à éveiller en soi des sensations nouvelles et un sentiment d'universalité. Il considérait ces phénomènes comme l'expression d'un retour à des états originels et dès longtemps dépassés de la vie de l'âme ; il y voyait la preuve pour ainsi dire physiologique de maints articles de la sagesse mystique. Il serait indiqué ici de les rapprocher d'autres modifications obscures de l'âme telles que la transe ou l'extase, mais j'éprouve plutôt, quant à moi, le besoin de m'écrier avec le plongeur de Schiller :

Se réjouisse qui respire dans la rose lumière.

II

Dans mon livre *L'avenir d'une illusion*, il s'agissait pour moi beaucoup moins des sources les plus profondes du sentiment religieux, que de ce que conçoit l'homme ordinaire quand il parle de sa religion et de ce système de doctrines et de promesses prétendant, d'une part, éclairer toutes les énigmes de ce monde avec une plénitude enviable, et l'assurer d'autre part qu'une Providence pleine de sollicitude veille sur sa vie et, dans une existence future, s'appliquera à le dédommager des privations subies ici-bas. Cette providence, l'homme simple ne peut se la représenter autrement que sous la figure d'un père grandiosement magnifié. Seul, un tel père peut connaître les besoins de l'enfant humain, se laisser fléchir par ses prières ou adoucir par ses repentirs. Tout cela est évidemment si infantile, si éloigné de la réalité, que, pour tout ami sincère de l'humanité, il devient douloureux de penser que jamais la grande majorité des mortels ne pourra s'élever au-dessus de cette conception de l'existence. Il est plus humiliant encore de constater combien sont nombreux parmi nos contemporains ceux qui, obligés de reconnaître l'impossibilité de maintenir cette religion, tentent pourtant de la défendre pied à pied par une lamentable tactique de retraites offensives. On voudrait se mêler au rang des croyants pour donner le conseil de « ne point invoquer en vain le nom du Seigneur » aux philosophes qui s'imaginent pouvoir sauver Dieu en le remplaçant par un principe impersonnel, fantomatique et abstrait. Si certains esprits, comptant parmi les plus grands des temps passés, n'ont pas fait autre chose, on ne peut pourtant les invoquer à leur tour. Car nous savons pourquoi ils y étaient contraints.

Revenons à l'homme ordinaire et à sa religion, la seule qui aurait droit à ce nom. La parole bien connue d'un de nos grands poètes et sages à la fois nous vient aussitôt à l'esprit. Elle définit ainsi les rapports que la religion entretient avec l'art et la science :

Celui qui possède la science et l'art
Possède aussi la religion.
Celui qui ne les possède pas tous deux
Puisse-t-il avoir la religion ! (1).

Cet aphorisme, d'une part, met la religion en opposition avec les deux plus grandes créations de l'homme ; il déclare, d'autre part, que du point de vue de leur valeur vitale, elles peuvent se suppléer et se remplacer mutuellement. Si donc nous voulons priver le commun des mortels de sa religion, nous n'aurons certes point le poète et son autorité de notre côté. Mais nous tentons, par une voie particulière, d'atteindre une plus juste appréciation de sa pensée. Telle qu'elle nous est imposée, notre vie est trop lourde, elle nous inflige trop de peines, de déceptions, de tâches insolubles. Pour la supporter, nous ne pouvons nous passer de sédatifs. (Cela ne va pas sans « échafaudages de secours » (2), a dit Théodor Fontane.) Ils sont peut-être de trois espèces : d'abord de fortes diversions, qui nous permettent de considérer notre misère

(1) GŒTHE, dans *Les Xénies apprivoisées*, IX *(Œuvres posthumes)*.

Wer Wissenschaft und Kunst besitzt
Hat auch Religion ;
Wer jene beiden nicht besitzt
Der habe Religion !

(2) Dans le texte : « Hilfskonstruktionen ». *(N.d.T.)*

comme peu de chose, puis des satisfactions substitutives qui l'amoindrissent ; enfin des stupéfiants qui nous y rendent insensibles. L'un ou l'autre de ces moyens nous est indispensable (1). C'est aux diversions que songe Voltaire quand il formule dans *Candide*, en guise d'envoi, le conseil de cultiver notre jardin ; et c'est encore une diversion semblable que le travail scientifique.

Les satisfactions substitutives, celles par exemple que nous offre l'art, sont des illusions au regard de la réalité ; mais elles n'en sont psychiquement pas moins efficaces, grâce au rôle assumé par l'imagination dans la vie de l'âme. Les stupéfiants, eux, influent sur notre organisme, en modifient le chimisme. Il n'est guère facile de déterminer le rôle qu'occupe la religion dans cette série. Il nous faut reprendre les choses de plus loin.

La question du but de la vie humaine a été posée d'innombrables fois ; elle n'a jamais encore reçu de réponse satisfaisante. Peut-être n'en comporte-t-elle aucune. Maints de ces esprits « interrogeants » qui l'ont posée ont ajouté : s'il était avéré que la vie n'eût aucun but, elle perdrait à nos yeux toute valeur. Mais cette menace n'y change rien, il semble bien plutôt qu'on ait le droit d'écarter la question. Elle nous semble avoir pour origine cet orgueil humain dont nous connaissons déjà tant d'autres manifestations. On ne parle jamais du but de la vie des animaux, sinon pour les considérer comme destinés à servir l'homme. Mais ce point de vue lui aussi est insoutenable, car nombreux sont les animaux dont l'homme ne sait que faire — sauf les décrire, les classer et les étudier — et des multitudes d'espèces se sont d'ailleurs soustraites à

(1) Wilhelm Busch, mais en termes moins relevés, exprime la même pensée dans *La pieuse Hélène* :

Qui a des soucis a aussi des liqueurs !

cette utilisation par le fait qu'elles ont vécu et disparu avant même que l'homme ne les ait aperçues. Il n'est décidément que la religion pour savoir répondre à la question du but de la vie. On ne se trompera guère en concluant que l'idée d'assigner un but à la vie n'existe qu'en fonction du système religieux.

Aussi nous faut-il remplacer la question précédente par cette autre, moins ambitieuse : quels sont les desseins et les objectifs vitaux trahis par la conduite des hommes, que demandent-ils à la vie, et à quoi tendent-ils ? On n'a guère de chance de se tromper en répondant : ils tendent au bonheur ; les hommes veulent être heureux et le rester. Cette aspiration a deux faces, un but négatif et un but positif : d'un côté éviter douleur et privation de joie, de l'autre rechercher de fortes jouissances. En un sens plus étroit, le terme « bonheur » signifie seulement que ce second but a été atteint. En corrélation avec cette dualité de buts, l'activité des hommes peut prendre deux directions, selon qu'ils cherchent — de manière prépondérante ou même exclusive — à réaliser l'un ou l'autre.

On le voit, c'est simplement le principe du plaisir qui détermine le but de la vie, qui gouverne dès l'origine les opérations de l'appareil psychique ; aucun doute ne peut subsister quant à son utilité, et pourtant l'univers entier — le macrocosme aussi bien que le microcosme — cherche querelle à son programme. Celui-ci est absolument irréalisable ; tout l'ordre de l'univers s'y oppose ; on serait tenté de dire qu'il n'est point entré dans le plan de la « Création » que l'homme soit « heureux ». Ce qu'on nomme bonheur, au sens le plus strict, résulte d'une satisfaction plutôt soudaine de besoins ayant atteint une haute tension, et n'est possible de par sa nature que sous forme de phénomène épisodique. Toute persistance d'une situation qu'a fait désirer le principe du plaisir n'engendre qu'un bien-être assez tiède ; nous sommes ainsi faits que seul le contraste est capable de nous dispenser une jouissance intense, alors que l'état lui-même ne nous en procure que très peu (1). Ainsi nos facultés de bonheur sont déjà limitées par notre constitution. Or, il nous est beaucoup moins difficile de faire l'expérience du malheur. La souffrance nous menace de trois côtés : dans notre propre corps qui, destiné à la déchéance et à la dissolution, ne peut même se passer de ces signaux d'alarme que constituent la douleur et l'angoisse ; du côté du monde extérieur, lequel dispose de forces invincibles et inexorables pour s'acharner contre nous et nous anéantir ; la troisième menace enfin provient de nos rapports avec les autres êtres humains. La souffrance issue de cette source nous est plus dure peut-être que toute autre ; nous sommes enclins à la considérer comme un accessoire en quelque sorte superflu, bien qu'elle n'appartienne pas moins à notre sort et soit aussi inévitable que celles dont l'origine est autre.

Ne nous étonnons point si sous la pression de ces possibilités de souffrance, l'homme s'applique d'ordinaire à réduire ses prétentions au bonheur (un peu comme le fit le principe du plaisir en se transformant sous la pression du monde extérieur en ce principe plus modeste qu'est celui de la réalité), et s'il s'estime heureux déjà d'avoir échappé au malheur et surmonté la souffrance ; si d'une façon très générale la tâche d'éviter la souffrance relègue à l'arrière-plan celle d'obtenir la jouissance. La réflexion nous apprend que l'on peut chercher à résoudre ce problème par des voies très diverses ; toutes ont été recommandées par les différentes écoles où l'on enseignait la sagesse ; et toutes ont été suivies par les hommes. La satisfaction illimitée de tous les besoins se propose à nous avec insistance comme le mode de vie le plus séduisant, mais

(1) Gœthe va jusqu'à prétendre : « Rien n'est plus difficile à supporter qu'une série de beaux jours. » Cela doit quand même être une exagération.

l'adopter serait faire passer le plaisir avant la prudence, et la punition suivrait de près cette tentative. Les autres méthodes ayant pour principal objectif d'éviter la souffrance se différencient selon les sources respectives de déplaisir sur lesquelles se fixe surtout l'attention. Il en est d'extrêmes et de modérées, les unes sont unilatérales, d'autres s'attaquent à plusieurs points à la fois. L'isolement volontaire, l'éloignement d'autrui, constitue la mesure de protection la plus immédiate contre la souffrance née des contacts humains. Il est clair que le bonheur acquis grâce à cette mesure est celui du repos. Lorsqu'on redoute le monde extérieur, on ne peut s'en défendre que par l'éloignement sous une forme quelconque — du moins si l'on veut résoudre cette seule difficulté. Il existe à la vérité un procédé différent et meilleur ; après s'être reconnu membre de la communauté humaine et armé de la technique forgée par la science, on passe à l'attaque de la nature qu'on soumet alors à sa volonté : on travaille avec tous au bonheur de tous. Mais les plus intéressantes méthodes de protection contre la souffrance sont encore celles qui visent à influencer notre propre organisme. En fin de compte, toute souffrance n'est que sensation, n'existe qu'autant que nous l'éprouvons ; et nous ne l'éprouvons qu'en vertu de certaines dispositions de notre corps.

La plus brutale mais aussi la plus efficace des méthodes destinées à exercer pareille influence corporelle est la méthode chimique, l'intoxication. Je crois que personne n'en pénètre le mécanisme, mais c'est un fait que, par leur présence dans le sang et les tissus, certaines substances étrangères au corps nous procurent des sensations agréables immédiates ; et qu'elles modifient aussi les conditions de notre sensibilité au point de nous rendre inaptes à toute sensation désagréable. Non seulement ces deux effets sont simultanés, mais ils semblent étroitement liés. Il doit d'ailleurs se former dans notre propre chimisme intérieur des substances capables d'effets semblables, car nous connaissons au moins un état morbide, la manie, où un comportement analogue à l'ivresse se réalise sans l'intervention d'aucune drogue enivrante. Au surplus notre vie psychique normale présente des oscillations au cours desquelles les sensations de plaisir se déclenchent avec plus ou moins de facilité ou de difficulté, et, parallèlement, notre sensibilité au déplaisir se révèle plus faible ou plus forte. Il est bien regrettable que ce côté toxique des processus psychiques se soit jusqu'ici dérobé à l'investigation scientifique. L'action des stupéfiants est à ce point appréciée, et reconnue comme un tel bienfait dans la lutte pour assurer le bonheur ou éloigner la misère, que des individus et même des peuples entiers leur ont réservé une place permanente dans l'économie de leur libido. On ne leur doit pas seulement une jouissance immédiate mais aussi un degré d'indépendance ardemment souhaité à l'égard du monde extérieur. On sait bien qu'à l'aide du « briseur de soucis » (1), l'on peut à chaque instant se soustraire au fardeau de la réalité et se réfugier dans un monde à soi qui réserve de meilleures conditions à la sensibilité. Mais on sait aussi que cette propriété des stupéfiants en constitue précisément le danger et la nocivité. Dans certaines circonstances ils sont responsables du gaspillage de grandes sommes d'énergie qui pourraient s'employer à l'amélioration du sort des humains.

Cependant la structure compliquée de notre appareil psychique laisse encore place à toute une série d'autres manières d'agir sur lui. Puisque bonheur signifie satisfaction des instincts, il surgit une nouvelle cause de lourdes souffrances si le monde extérieur, nous laissant dans l'indigence, se refuse à assouvir nos besoins. On peut donc espérer qu'en agissant

(1) Dans le texte : « Sorgenbrecher ». *(N.d.T.)*

sur ces besoins instinctifs eux-mêmes, on sera libéré d'une partie de cette souffrance. Ce procédé de défense ne s'attaque plus à l'appareil de la sensibilité, mais aux sources intérieures des besoins pour tenter de s'en rendre maître. Poussé à l'extrême, il y parvient en tuant les instincts, comme l'enseigne la sagesse orientale et comme le réalise la pratique du yoga. Y réussir, c'est évidemment abandonner du même coup toute activité quelle qu'elle soit (sacrifier sa vie), et ne conquérir à nouveau, par une autre voie, que le bonheur de la quiétude. En visant moins haut, on suit pourtant la même voie si l'on cherche seulement à maîtriser l'activité de la vie instinctive. Cette maîtrise, ce sont alors les instances psychiques supérieures, soumises au principe de la réalité, qui l'exercent. Ceci ne signifie nullement qu'on ait renoncé à toute satisfaction, mais bien qu'on s'est assuré une certaine garantie contre la souffrance en ceci que l'insatisfaction des instincts tenus en bride n'est plus ressentie aussi douloureusement que celle des instincts non inhibés. En revanche, il s'ensuit une diminution indéniable des possibilités de jouissances. La joie de satisfaire un instinct resté sauvage, non domestiqué par le Moi, est incomparablement plus intense que celle d'assouvir un instinct dompté. Le caractère irrésistible des impulsions perverses, et peut-être l'attrait du fruit défendu en général, trouvent là leur explication économique.

Une autre technique de défense contre la souffrance recourt aux déplacements de la libido, tels que les permet notre appareil psychique et grâce auxquels il gagne tant en souplesse. Le problème consiste à transposer de telle sorte les objectifs des instincts que le monde extérieur ne puisse plus leur opposer de déni ou s'opposer à leur satisfaction. Leur sublimation est ici d'un grand secours. On obtient en ce sens le résultat le plus complet quand on s'entend à retirer du labeur intellectuel et de l'activité de l'esprit une somme suffisamment élevée de plaisir. La destinée alors ne peut plus grand-chose contre vous. Des satisfactions de cet ordre, celle par exemple que l'artiste trouve dans la création ou éprouve à donner corps aux images de sa fantaisie, ou celle que le penseur trouve à la solution d'un problème ou à découvrir la vérité, possèdent une qualité particulière qu'un jour nous saurons certainement caractériser de façon métapsychologique. Pour l'instant, bornons-nous à dire d'une manière imagée qu'elles nous paraissent « plus délicates et plus élevées ». Cependant, en regard de celle qu'assure l'assouvissement des désirs pulsionnels grossiers et primaires, leur intensité est affaiblie ; elles ne bouleversent pas notre organisme physique. Mais le point faible de cette méthode est qu'elle n'est pas d'un usage général, mais à la portée d'un petit nombre seulement. Elle suppose précisément des dispositions ou des dons peu répandus, en une mesure efficace tout au moins. Et même à ces rares élus elle ne saurait assurer une protection parfaite contre la douleur, ni les revêtir d'une cuirasse impénétrable aux coups de la destinée ; enfin elle devient inefficace quand la source de la souffrance réside dans notre propre corps (1).

(1) En l'absence de dons spéciaux de nature à orienter les intérêts vitaux dans une direction donnée, le simple travail professionnel, tel qu'il est accessible à chacun, peut jouer le rôle attribué dans *Candide* à la culture de notre jardin, culture que Voltaire nous conseille si sagement. Il ne m'est pas loisible dans une vue d'ensemble aussi succincte, de m'étendre suffisamment sur la grande valeur du travail au point de vue de l'économie de la libido. Aucune autre technique de conduite vitale n'attache l'individu plus solidement à la réalité, ou tout au moins à cette fraction de la réalité que constitue la société, et à laquelle une disposition à démontrer l'importance du travail vous incorpore fatalement. La possibilité de transférer les composantes narcissiques, agressives, voire érotiques de la libido dans le travail professionnel et les relations sociales qu'il implique, donne à ce dernier une valeur qui ne le cède en rien à celle que lui confère le fait d'être indispensable à l'individu pour maintenir et justifier son existence au sein de la société. S'il est librement choisi, tout métier devient source de joies particulières, en tant qu'il permet de tirer profit, sous leurs formes sublimées, de penchants affectifs et d'énergies instinctives évoluées ou renforcées déjà par le facteur constitutionnel. Et

Si, dans cette méthode déjà, le désir d'indépendance à l'égard du monde extérieur est évident, puisqu'on lie son plaisir à des opérations intérieures et mentales, ces mêmes traits s'affirment avec plus de force encore dans la méthode suivante où le rapport avec les faits réels se relâche davantage. La satisfaction procède d'illusions qu'on reconnaît comme telles sans pourtant se laisser troubler par leur éloignement de la réalité. Le domaine d'où ces illusions proviennent est celui de l'imagination ; jadis, à mesure que se développait le sens du réel, la vie imaginative s'était expressément soustraite à l'épreuve de la réalité et chargée de l'exaucement des souhaits difficiles à réaliser. Au sommet de ces joies imaginatives trône la jouissance procurée par les œuvres d'art, jouissance que celles-ci rendent également accessible, par l'intermédiaire de l'artiste, à celui qui n'est pas lui-même créateur (1). Tout être sensible à l'influence de l'art n'estimera jamais assez haut le prix de cette source de plaisir et de consolation ici-bas. Mais hélas, la légère narcose où l'art nous plonge est fugitive ; simple retraite devant les dures nécessités de la vie, elle n'est point assez profonde pour nous faire oublier notre misère réelle.

Un autre procédé est plus radical et plus énergique ; il voit dans la réalité l'ennemie unique, la source de toute souffrance. Comme elle nous rend la vie impossible, on doit rompre toute relation avec elle, si l'on tient à être heureux d'une manière quelconque. L'ermite tourne le dos à ce bas monde et ne veut point avoir affaire à lui. Mais on peut aller plus

malgré tout cela, le travail ne jouit que d'une faible considération dès qu'il s'offre comme moyen de parvenir au bonheur. C'est une voie dans laquelle on est loin de se précipiter avec l'élan qui nous entraîne vers d'autres satisfactions. La grande majorité des hommes ne travaillent que sous la contrainte de la nécessité, et de cette aversion naturelle pour le travail naissent les problèmes sociaux les plus ardus.

(1) Cf. FREUD, Formulations concernant les deux principes du fonctionnement mental, 1933 (*Œuvres complètes*, t. VI) et *Introduction à la psychanalyse*, trad. par S. JANKÉLÉVITCH, Paris, Payot, 1922. *(N.d.T.)*

loin et s'aviser de transformer ce monde, d'en édifier à sa place un autre dont les aspects les plus pénibles seront effacés et remplacés par d'autres conformes à nos propres désirs. L'être qui, en proie à une révolte désespérée, s'engage dans cette voie pour atteindre le bonheur, n'aboutira normalement à rien ; la réalité sera plus forte que lui. Il deviendra un fou extravagant dont personne, la plupart du temps, n'aidera à réaliser le délire. On prétend toutefois que chacun de nous, sur un point ou sur un autre, se comporte comme le paranoïaque, corrige au moyen de rêves les éléments du monde qui lui sont intolérables, puis insère ces chimères dans la réalité. Il est un cas qui prend une importance toute particulière ; il se présente lorsque des êtres humains s'efforcent ensemble et en grand nombre de s'assurer bonheur et protection contre la souffrance au moyen d'une déformation chimérique de la réalité. Or les religions de l'humanité doivent être considérées comme des délires collectifs de cet ordre. Naturellement, celui qui partage encore un délire ne le reconnaît jamais pour tel.

Je ne considère pas comme complète cette énumération des méthodes à l'aide desquelles les hommes s'efforcent de conquérir le bonheur et d'éloigner le malheur ; je sais aussi que le sujet se prête à d'autres ordonnances. Il est un de ces procédés dont je n'ai encore rien dit, non certes par oubli, mais nous nous en occuperons dans un contexte différent. Comment pourrions-nous d'ailleurs oublier justement cette technique de l'art de vivre ! Elle se distingue par le plus curieux assemblage de traits caractéristiques. Elle tend naturellement aussi à réaliser l'indépendance à l'égard du sort — expression la meilleure qu'on puisse employer ici — et dans cette intention elle reporte l'accent sur les jouissances intrapsychiques, utilisant ainsi cette propriété déjà mentionnée dont jouit la libido d'être déplaçable, mais sans pour cela se détourner du monde extérieur. Elle s'accroche tout au contraire à des objets, et trouve le bonheur en instaurant avec eux des relations affectives. Elle ne se contente d'ailleurs pas de la sorte d'éviter la souffrance, ne se limite pas à ce but assigné par la fatigue et la résignation. Elle passe outre, bien plutôt, sans lui porter attention et maintient fermement la tendance primitive et passionnée à réaliser un bonheur positif. Peut-être se rapproche-t-elle de ce dernier but plus que toute autre méthode. J'ai en vue naturellement cette conception de la vie qui prend pour centre l'amour, et où l'on escompte que toute joie vient d'aimer et d'être aimé. Une telle attitude psychique nous est à tous très familière ; l'une des formes sous lesquelles l'amour se manifeste, l'amour sexuel, nous a fait éprouver avec le plus d'intensité un plaisir subjugant, et par là nous a fourni le prototype de notre aspiration au bonheur ; quoi de plus naturel que de continuer à le chercher sur le chemin même où pour la première fois nous l'avons rencontré ? Le point faible de cette technique vitale est trop évident, sinon il ne serait venu à l'idée de personne d'abandonner cette voie pour une autre. Nous ne sommes jamais aussi mal protégés contre la souffrance que lorsque nous aimons, jamais plus irrémédiablement malheureux que si nous avons perdu la personne aimée ou son amour. Toutefois nous sommes loin d'avoir épuisé le sujet de la technique de la vie qui se fonde sur l'aptitude de l'amour à donner le bonheur ; il reste encore beaucoup à dire à ce sujet.

L'on peut encore inclure un cas intéressant ; à savoir la recherche prédominante du bonheur dans les jouissances qu'inspire la beauté, en quelque lieu que celle-ci frappe nos sens ou notre esprit ; beauté des formes et des gestes humains, des objets naturels et des paysages, des créations artistiques et même scientifiques. Cette attitude esthétique prise comme but de la vie protège faiblement contre les maux qui nous menacent, mais nous dédommage de bien des choses. La jouissance esthétique en tant qu'émotion légèrement enivrante a un caractère particulier. Le côté utilitaire de la beauté n'apparaît pas clairement ; on ne discerne pas qu'elle soit nécessaire à la civilisation, et celle-ci pourtant ne saurait s'en passer. La science de l'esthétique étudie les conditions dans lesquelles on ressent le « beau », mais elle n'a pu apporter aucun éclaircissement sur la nature et l'origine de la beauté ; et comme il advient toujours dans ce cas, elle s'est abondamment dépensée en phrases aussi creuses que sonores destinées à masquer l'absence de résultats. Malheureusement, c'est sur la beauté que la psychanalyse a le moins à nous dire. Un seul point semble certain, c'est que l'émotion esthétique dérive de la sphère des sensations sexuelles ; elle serait un exemple typique de tendance inhibée quant au but. Primitivement la « beauté » et le « charme » sont des attributs de l'objet sexuel. Il y a lieu de remarquer que les organes génitaux en eux-mêmes, dont la vue est toujours excitante, ne sont pourtant presque jamais considérés comme beaux. En revanche, un caractère de beauté s'attache, semble-t-il, à certains signes sexuels secondaires.

Bien que ces considérations, comme on le voit, demeurent incomplètes, je me risquerai à les clore par quelques remarques. Si le programme que nous impose le principe du plaisir, et qui consiste à être heureux, n'est pas réalisable, il nous est permis pourtant — non, disons plus justement : il nous est possible — de ne pas renoncer à tout effort destiné à nous rapprocher de sa réalisation. On peut, pour y parvenir, adopter des voies très différentes selon qu'on place au premier plan son aspect positif, obtenir la jouissance ; ou bien son aspect négatif, éviter la souffrance. Mais nous ne saurions réaliser tout ce que nous souhaitons par aucune de ces voies. Pris dans ce sens relatif, le seul où il paraisse réalisable, le bonheur est un problème d'économie libidinale individuelle. Aucun conseil ici n'est valable pour tous, chacun doit chercher par lui-même la façon dont il peut devenir heureux. Les facteurs les plus divers interviendront dans le choix des chemins à suivre. Tout dépend de la somme de satisfaction réelle que chacun peut attendre du monde extérieur, de la mesure où il est susceptible de s'en rendre indépendant, enfin de la force dont il dispose pour le modifier au gré de ses désirs. Ici déjà, indépendamment des circonstances objectives, la constitution psychique de l'individu sera déterminante. L'homme au tempérament surtout érotique mettra au premier rang les relations affectives avec autrui, le narcissiste enclin à se suffire à lui-même recherchera les jouissances essentielles parmi celles qu'il retire de sa vie intérieure, l'homme d'action ne lâchera pas un monde avec lequel il est apte à se mesurer. Pour le second de ces types, c'est la nature de ses dons et le degré de sublimation des instincts auquel il peut atteindre qui décideront de la direction dans laquelle il inclinera son intérêt. Toute décision extrême comportera une sanction en faisant courir au sujet les dangers inhérents à l'insuffisance de toute technique vitale exclusive. De même que le commerçant avisé évitera de placer tout son capital dans une seule affaire, de même la sagesse conseillerait peut-être de ne pas attendre toute satisfaction d'un penchant unique. Le succès n'est jamais certain ; il dépend du concours de nombreux facteurs ; mais celui dont peut-être il dépend le plus est la faculté dont jouit notre constitution psychique d'adapter ses fonctions au milieu et de les utiliser aux fins du plaisir. L'être, venu au monde avec une constitution instinctuelle spécialement défavorable, aura bien du mal à trouver le bonheur en dehors de soi-même, s'il n'a pas effectué selon toutes les règles cette transformation ni ce regroupement si indispensables à l'activité future des composantes de sa libido — et cela d'autant plus que la destinée le placera devant des tâches plus difficiles. La dernière technique vitale qui s'offre à lui, en promettant tout au moins des satisfactions substitutives, est la fuite dans la maladie nerveuse, fuite qu'il accomplit la plupart du temps déjà dans son jeune âge. Si dans un âge plus avancé l'homme voit ses efforts vers le bonheur frustrés, il trouvera encore une consolation dans les jouissances que lui procurera l'intoxication chronique ; ou bien il fera cette tentative de révolte désespérée qu'est la psychose.

La religion porte préjudice à ce jeu d'adaptation et de sélection en imposant uniformément à tous ses propres voies pour parvenir au bonheur et à l'immunité contre la souffrance. Sa technique consiste à rabaisser la valeur de la vie et à déformer de façon délirante l'image du monde réel, démarches qui ont pour postulat l'intimidation de l'intelligence. A ce prix, en fixant de force ses adeptes à un infantilisme psychique et en leur faisant partager un délire collectif, la religion réussit à épargner à quantité d'êtres humains une névrose individuelle, mais c'est à peu près tout. Il y a, nous l'avons dit, quantité de chemins pour conduire au bonheur, tel du moins qu'il est accessible aux hommes ; mais il n'en est point qui y mène à coup sûr. La religion elle-même peut ne pas tenir sa promesse. Quand le croyant se voit en définitive contraint d'invoquer les « voies insondables de Dieu », il avoue implicitement que, dans sa souffrance, il ne lui reste, en guise de dernières et uniques consolation et joie, qu'à se soumettre sans conditions. Et s'il est prêt à le faire, il aurait pu sans doute s'épargner ce détour.

III

Jusqu'ici, notre étude sur le bonheur ne nous a guère appris que ce que tout le monde savait déjà. Si nous voulons la compléter en recherchant maintenant pourquoi il est si difficile aux hommes de devenir heureux, notre chance de découvrir du nouveau ne semble pas beaucoup plus grande. Car nous avons déjà donné la réponse en signalant les trois sources d'où découle la souffrance humaine : la puissance écrasante de la nature, la caducité de notre propre corps, et l'insuffisance des mesures destinées à régler les rapports des hommes entre eux, que ce soit au sein de la famille, de l'Etat ou de la société. En ce qui concerne les deux premières sources, nous ne saurions hésiter longtemps, notre jugement nous contraint à en reconnaître la réalité, comme à nous soumettre à l'inévitable. Jamais nous ne nous rendrons entièrement maîtres de la nature ; notre organisme, qui en est lui-même un élément, sera toujours périssable et limité dans son pouvoir d'adaptation, de même que dans l'amplitude de ses fonctions. Mais cette constatation ne doit en rien nous paralyser ; bien au contraire, elle indique à notre activité la direction à suivre. Si nous ne pouvons abolir toutes les souffrances, du moins sommes-nous capables d'en supprimer plus d'une, d'en apaiser d'autres : une expérience plusieurs fois millénaire nous en a convaincus. Nous observons toutefois une attitude différente envers la troisième source de souffrance, la souffrance d'origine sociale. Nous nous refusons obstinément à l'admettre, nous ne pouvons saisir pourquoi les institutions dont nous sommes nous-mêmes les auteurs ne nous dispenseraient pas à tous protection et bienfaits. De toute façon, si nous réfléchissons au déplorable échec, dans ce domaine précisément, de nos mesures de préservation contre la souffrance, nous nous prenons à soupçonner qu'ici encore se dissimule quelque loi de la nature invincible, et qu'il s'agit cette fois-ci de notre propre constitution psychique.

En abordant l'examen d'une telle éventualité, nous nous heurtons à une assertion maintes fois entendue, mais si surprenante qu'il y a lieu de nous y arrêter. D'après elle, c'est ce que nous appelons notre civilisation qu'il convient de rendre responsable en grande partie de notre misère ; et de l'abandonner pour revenir à l'état primitif nous assurerait une somme bien plus grande de bonheur. Je déclare cette assertion surprenante parce qu'il est malgré tout certain — quelle que soit la définition donnée au concept de civilisation — que tout ce que nous tentons de mettre en œuvre pour nous protéger contre les menaces de souffrance émanant de l'une ou l'autre des sources déjà citées relève précisément de cette même civilisation.

Par quelle voie tant d'êtres humains ont-ils donc été amenés à partager, de si étrange façon, ce point de vue hostile à la civilisation ? Je pense qu'un mécontentement profond, d'origine très lointaine, renouvelé à chacune de ses étapes, a favorisé cette condamnation qui s'est régulièrement exprimée à la faveur de certaines circonstances historiques. Je crois discerner quelles furent la dernière et l'avant-dernière de ces circonstances, mais je ne suis pas assez savant pour suivre leur enchaînement assez haut dans le passé de l'espèce humaine. Déjà, lors de la victoire du christianisme sur le paganisme, ce facteur d'hostilité contre la civilisation dut être en cause ; car il fut étroitement lié à la dépréciation, décrétée par la doctrine chrétienne, de la vie terrestre. L'avant-dernière de ces circonstances historiques se présenta lorsque le développement des voyages d'exploration permit le contact avec les races et les peuples sauvages. Faute d'observations suffisantes et de compréhension de leurs us et coutumes, les Européens imaginèrent que les sauvages menaient une vie simple et heureuse, pauvre en besoins, telle qu'elle n'était plus accessible aux explorateurs plus civilisés qui les visitaient. Sur plus d'un point l'expérience ultérieure est venue rectifier ces jugements. Si la vie leur était en effet plus facile, on avait maintes fois commis l'erreur d'attribuer cet allégement à l'absence des exigences si complexes issues de la civilisation, alors qu'il était dû en somme à la générosité de la nature et à toutes les commodités qu'elle offre aux sauvages de satisfaire leurs besoins vitaux. Quant à la dernière de ces circonstances historiques, elle se produisit lorsque nous apprîmes à discerner les mécanismes des névroses, lesquelles menacent de saper la petite part de bonheur acquis par l'homme civilisé. On découvrit alors que l'homme devient névrosé parce qu'il ne peut supporter le degré de renoncement exigé par la société au nom de son idéal culturel, et l'on en conclut qu'abolir ou diminuer notablement ces exigences signifierait un retour à des possibilités de bonheur.

Il est encore une autre cause de désillusion. Au cours des dernières générations, l'humanité a fait accomplir des progrès extraordinaires aux sciences physiques et naturelles et à leurs applications techniques ; elle a assuré sa domination sur la nature d'une manière jusqu'ici inconcevable. Les caractères de ces progrès sont si connus que l'énumération en est superflue. Or, les hommes sont fiers de ces conquêtes, et à bon droit. Ils croient toutefois constater que cette récente maîtrise de l'espace et du temps, cet asservissement des forces de la nature, cette réalisation d'aspirations millénaires, n'ont aucunement élevé la somme de jouissance qu'ils attendent de la vie. Ils n'ont pas le sentiment d'être pour cela devenus plus heureux. On devrait se contenter de conclure que la domination de la nature n'est pas la seule condition du bonheur, pas plus qu'elle n'est le but unique de l'œuvre civilisatrice, et non que les progrès de la technique soient dénués de valeur pour « l'économie » de notre bonheur. On serait, en effet, tenté de soulever cette objection : n'est-ce donc point pour moi un gain positif de plaisir, un accroissement non équivoque de mon sentiment de bonheur, que de pouvoir entendre à volonté la voix de mon enfant qui habite à des centaines de kilomètres, de pouvoir apprendre sitôt après son débarquement que mon ami s'est bien tiré de sa longue et pénible traversée ? Est-il donc insignifiant que la médecine ait réussi à réduire la mortalité infantile et, en une si extraordinaire mesure, les dangers d'infection de l'accouchée ; ou même encore à prolonger d'un nombre considérable d'années la durée moyenne de la vie de l'homme civilisé ? A de tels bienfaits, dont nous sommes redevables à cette ère pourtant si décriée de progrès scientifiques et techniques, on pourrait en ajouter toute une série, mais..., mais voici que s'élève la voix pessimiste de la critique! La plupart de ces allégeances, insinue-t-elle, sont du même ordre que ce « plaisir à bon marché » prôné par l'anecdote connue : le procédé consiste à exposer au froid sa jambe nue, hors du lit, pour avoir ensuite le « plaisir » de la remettre au chaud. Sans les chemins de fer, qui ont supprimé la distance, nos enfants n'eussent jamais quitté leur ville natale, et alors qu'y eût-il besoin de téléphone pour entendre leur voix ? Sans la navigation transatlantique, mon ami n'aurait point entrepris sa traversée, et je me serais passé de télégraphe pour me rassurer sur son sort. A quoi bon enrayer la mortalité infantile si précisément cela nous impose une retenue extrême dans la procréation, et si en fin de compte nous n'élevons pas plus d'enfants qu'à l'époque où l'hygiène n'existait pas, alors que d'autre part se sont ainsi compliquées les conditions de notre vie sexuelle dans le mariage et que se trouve vraisemblablement contrariée l'action bienfaisante de la sélection naturelle ? Que nous importe enfin une longue vie, si elle nous accable de tant de peines, si elle est tellement pauvre en joies et tellement riche en souffrance que nous saluons la mort comme une heureuse délivrance ?

Il semble certain que nous ne nous sentons point à l'aise dans notre civilisation actuelle, mais il est très difficile de juger si, et à quel point, les hommes de jadis se sont sentis plus heureux, et alors d'apprécier le rôle joué par les conditions de leur civilisation. Nous aurons toujours la tendance à concevoir la misère de façon objective, autrement dit à nous transporter en pensée, tout en conservant nos exigences et notre sensibilité propre, dans les conditions des anciennes cultures pour nous demander alors quelles chances de bonheur ou de malheur nous auraient ainsi été offertes. Cette manière de considérer les choses, en apparence objective, en tant qu'elle fait abstraction des variations de la sensibilité subjective, est naturellement aussi subjective que possible, car elle substitue notre disposition d'esprit à toutes les autres à nous inconnues. Le bonheur est cependant une chose éminemment subjective. Quelque horreur que nous inspirent certaines situations, celle par exemple du galérien antique, ou du paysan de la guerre de Trente ans, ou de la victime de la sainte Inquisition, ou du Juif exposé au pogrom, il nous est tout de même impossible de nous mettre à la place de ces malheureux, de deviner les altérations que divers facteurs psychiques ont fait subir à leurs facultés de réceptivité à la joie et à la souffrance. Parmi ces facteurs, citons l'état originel d'insensibilité hébétée, l'abrutissement progressif, le renoncement à tout espoir, enfin les diverses manières grossières ou raffinées de s'étourdir. En cas de douleur extrême, certains mécanismes psychiques de protection contre la souffrance peuvent aussi entrer en jeu. Mais il me semble vain de continuer d'approfondir cet aspect du problème.

Le moment est venu de considérer l'essence de cette civilisation dont la valeur, en tant que dispensatrice du bonheur, a été révoquée en doute. Nous n'allons pas exiger une formule qui la définisse en peu de mots avant même d'avoir tiré de son examen quelque clarté. Il nous suffira de redire (1) que le terme de civilisation (2) désigne la totalité des œuvres et organisations dont l'institution nous éloigne de l'état animal de nos ancêtres et qui servent à deux fins : la protection de l'homme contre la nature et la réglementation des relations des hommes entre eux. Pour plus de clarté nous examinerons l'un après l'autre les traits de la civilisation tels qu'ils apparaissent dans les collectivités humaines. Nous nous laisserons guider sans réserve au cours de cet examen par le langage usuel ou, comme on dit aussi, par le « sentiment linguistique », certain en cela de faire droit à ces intuitions profondes qui se refusent aujourd'hui encore à toute traduction en mots abstraits.

L'entrée en matière est aisée ; nous admettons comme civilisées toutes les activités et valeurs utiles à l'homme pour assujettir la terre à son service et pour se protéger contre la puissance des forces de la nature : c'est l'aspect de la civilisation le moins douteux. Afin de remonter assez haut, nous citerons à titre de premiers faits culturels l'emploi d'outils, la domestication du feu, la construction d'habitations. Parmi ces faits, le second s'arroge une place éminente en tant que conquête tout à fait extraordinaire et sans précédent (3). Les

(1) Cf. FREUD, *L'avenir d'une illusion*, trad. par Marie BONAPARTE, Paris, 1932.

(2) Dans le texte allemand : « Kultur ». *(N.d.T.)*

(3) Des données analytiques incomplètes et d'interprétation incertaine, il est vrai, autorisent pourtant une hypothèse qui paraîtra extravagante

autres ouvrirent à l'homme une voie dans laquelle depuis lors il s'est engagé toujours plus avant, et les mobiles qui l'y poussaient sont d'ailleurs faciles à deviner. Grâce à tous ses instruments, l'homme perfectionne ses organes — moteurs aussi bien que sensoriels —, ou bien élargit considérablement les limites de leur pouvoir. Les machines à moteur le munissent de forces gigantesques aussi faciles à diriger à son gré que celles de ses muscles ; grâce au navire et à l'avion, ni l'eau ni l'air ne peuvent entraver ses déplacements. Avec les lunettes, il corrige les défauts des lentilles de ses yeux ; le télescope lui permet de voir à d'immenses distances, et le microscope de dépasser les limites étroites assignées à sa vision par la structure de sa rétine. Avec l'appareil photographique, il s'est assuré un instrument qui fixe les apparences fugitives, le disque du gramophone lui rend le même service quant aux impressions sonores éphémères ; et ces deux appareils ne sont au fond que des matérialisations de la faculté qui lui a été donnée de se souvenir, autrement dit de sa mémoire. A l'aide du téléphone, il entend loin, à des distances que les contes

touchant l'origine de ce haut fait humain. Les choses se seraient passées comme si l'homme primitif avait pris l'habitude, chaque fois qu'il se trouvait en présence du feu, de satisfaire à cette occasion un désir infantile : celui de l'éteindre par le jet de son urine. Quant à l'interprétation phallique originelle de la flamme s'élevant et s'étirant dans les airs, il ne peut subsister aucun doute, trop de légendes en font foi. L'extinction du feu par la miction — procédé auquel recourent encore ces tardifs enfants de géants que sont Gulliver à Lilliput et le Gargantua de Rabelais — répondait ainsi à une sorte d'acte sexuel avec un être masculin, à une manifestation agréable de puissance virile au cours d'une sorte de « joute » homosexuelle. Celui qui renonça le premier à cette joie et épargna le feu était alors à même de l'emporter avec lui et de le soumettre à son service. En étouffant le feu de sa propre excitation sexuelle, il avait domestiqué cette force naturelle qu'est la flamme. Ainsi, cette grande acquisition culturelle serait la récompense d'un renoncement à une pulsion. En second lieu la femme aurait été choisie comme gardienne du feu capté et conservé au foyer domestique pour la raison que sa constitution anatomique lui interdisait de céder à la tentation de l'éteindre. Il y a lieu de relever aussi le rapport si constant qui existe, comme l'expérience analytique en témoigne, entre l'ambition, le feu, et l'érotique urétrale.

eux-mêmes respecteraient comme infranchissables. A l'origine, l'écriture était le langage de l'absent, la maison d'habitation le substitut du corps maternel, cette toute première demeure dont la nostalgie persiste probablement toujours, où l'on était en sécurité et où l'on se sentait si bien.

On dirait un conte de fées! Et cependant, elles sont la réalisation directe de tous — non, de la plupart — des souhaits forgés dans les contes, ces œuvres dont grâce à sa science et à sa technique l'homme a su enrichir cette Terre où il est apparu tout d'abord comme une chétive créature proche de l'animal, où chaque rejeton de sa race doit encore faire son entrée à l'état de nourrisson totalement impuissant — *O inch of nature!* Et l'homme peut à bon droit les considérer comme des conquêtes de la civilisation. Il s'était fait depuis longtemps un idéal de la toute-puissance et de l'omniscience, et il l'incarnait en ses dieux. Il leur attribuait tout ce qui lui demeurait inaccessible, ou lui était interdit. On peut donc dire que ces divinités étaient des « idéals culturels ». Maintenant qu'il s'est considérablement rapproché de cet idéal, il est devenu lui-même presque un dieu. Mais seulement, en vérité, à la manière dont les humains savent en général atteindre à leurs types de perfection, c'est-à-dire incomplètement : sur certains points pas du tout, sur d'autres à moitié. L'homme est devenu pour ainsi dire une sorte de « dieu prothétique », dieu certes admirable s'il revêt tous ses organes auxiliaires, mais ceux-ci n'ont pas poussé avec lui et lui donnent souvent bien du mal. Au reste, il est en droit de se consoler à l'idée que cette évolution ne prendra précisément pas fin avec l'an de grâce 1930 (1). L'avenir lointain nous apportera, dans ce domaine de la civilisation, des progrès nouveaux et considérables, vraisemblablement d'une importance impossible à prévoir ; ils accentueront

(1) Année où parut l'ouvrage. *(N.d.T.)*

toujours plus les traits divins de l'homme. Dans l'intérêt de notre étude, nous ne voulons toutefois point oublier que, pour semblable qu'il soit à un dieu, l'homme d'aujourd'hui ne se sent pas heureux.

Ainsi nous reconnaissons le niveau culturel élevé d'un pays quand nous constatons que tout y est soigneusement cultivé et efficacement organisé pour l'exploitation de la terre par l'homme, et que la protection de celui-ci contre les forces naturelles est assurée ; en un mot que tout y est ordonné en vue de ce qui lui est utile. En pareil pays, les fleuves aux crues menaçantes verraient leur cours régularisé, et les eaux disponibles amenées par des canaux aux points où elles feraient défaut. Le sol serait cultivé avec soin et l'on y sèmerait des plantes appropriées à sa nature ; les richesses minérales extraites assidûment du sous-sol y seraient employées à la fabrication des instruments ou des outils indispensables. Les moyens de communication y seraient abondants, rapides et sûrs, les bêtes sauvages et dangereuses exterminées, l'élevage prospère. Mais nous réclamons davantage à la civilisation et nous souhaitons voir encore ces mêmes pays satisfaire dignement à d'autres exigences. En effet, nous n'hésitons pas à saluer aussi comme un indice de civilisation — tout comme si nous voulions maintenant désavouer notre première thèse — ce souci que prennent les hommes de choses sans utilité aucune ou même en apparence plutôt inutiles ; quand par exemple nous voyons dans une ville les jardins publics, ces espaces qui, en tant que réservoirs d'air et terrains de jeu, lui sont nécessaires, ornés par surcroît de parterres fleuris, ou encore les fenêtres des maisons parées de vases de fleurs. Cet « inutile » dont nous demandons à la civilisation de reconnaître tout le prix n'est autre chose, on s'en rend compte immédiatement, que la beauté. Nous exigeons de l'homme civilisé qu'il honore la beauté partout où il la rencontre dans la nature, et que des mains mettent toute leur habileté à en parer les choses. Il s'en faut que nous ayons épuisé la liste des requêtes que nous présentons à la civilisation. Nous désirons voir encore les signes de la propreté et de l'ordre. Nous ne nous faisons pas une haute idée de l'urbanisme d'une ville de province anglaise, au temps de Shakespeare, quand nous lisons que devant la porte de sa maison paternelle, à Stratford, s'élevait un gros tas de fumier. Nous nous indignons et parlons de « barbarie », c'est-à-dire l'opposé de civilisation, lorsque nous voyons les chemins du « Wienerwald » (1) jonchés de papiers épars. Toute malpropreté nous semble inconciliable avec l'état civilisé. Nous étendons en outre au corps humain nos exigences de propreté, et nous étonnons d'apprendre que le Roi-Soleil en personne dégageait une mauvaise odeur ; enfin nous hochons la tête quand, à Isola Bella, on nous montre la minuscule cuvette dont Napoléon se servait pour sa toilette du matin. Nous n'éprouvons même aucune surprise à entendre dire que l'usage du savon est la mesure directe du degré culturel. Il en est de même de l'ordre qui, tout autant que la propreté, se rattache à l'intervention humaine. Cependant, alors que nous ne pouvons nous attendre à voir régner la propreté au sein de la nature, celle-ci en revanche, si nous voulons bien l'écouter, nous enseigne l'ordre ; l'observation de la grande régularité des phénomènes astronomiques a fourni à l'homme, non seulement un exemple, mais encore les premiers points de repère nécessaires à l'introduction de l'ordre dans sa vie. L'ordre est une sorte de « contrainte à la répétition » qui, en vertu d'une organisation établie une fois pour toutes, décide ensuite quand, où et comment telle chose doit être faite ; si bien qu'en toutes circonstances semblables on s'épargnera hésitations et tâtonnements. L'ordre, dont les

(1) Forêts pittoresques à l'entour de Vienne. *(N.d.T.)*

bienfaits sont absolument indéniables, permet à l'homme d'utiliser au mieux l'espace et le temps et ménage du même coup ses forces psychiques. On serait en droit de s'attendre qu'il se fût manifesté dès l'origine et de lui-même dans les actes humains ; il est étrange qu'il n'en ait pas été ainsi, bien plus, que l'homme ait montré une tendance naturelle à la négligence, à l'irrégularité, et à l'inexactitude au travail, et qu'il faille tant d'efforts pour l'amener par l'éducation à imiter l'exemple du ciel.

La beauté, la propreté et l'ordre occupent évidemment un rang tout spécial parmi les exigences de la civilisation. Personne ne prétendra que leur importance soit comparable à celle, autrement vitale pour nous, de la domination des forces de la nature, ou à celle d'autres facteurs qu'il nous faudra apprendre à connaître ; et cependant personne ne les reléguerait volontiers au rang d'accessoires. L'exemple de la beauté, dont nous ne pourrions accepter l'exclusion d'entre les préoccupations de la civilisation, suffit déjà à montrer combien celle-ci n'est point uniquement attentive à l'utile. L'utilité de l'ordre saute aux yeux. Quant à la propreté, il faut considérer que l'hygiène elle aussi l'exige, et il est permis de supposer que cette relation n'était pas complètement étrangère aux hommes, avant même l'application de la science à la prévention des maladies. Le principe de l'utilité n'explique pourtant pas entièrement cette tendance ; il doit entrer en jeu autre chose encore.

Mais nous ne pouvons imaginer de trait plus caractéristique de la civilisation que le prix attaché aux activités psychiques supérieures, productions intellectuelles, scientifiques et artistiques, ni d'indice culturel plus sûr que le rôle conducteur attribué aux idées dans la vie des hommes. Parmi ces idées, les systèmes religieux occupent le rang le plus élevé dans l'échelle des valeurs. J'ai tenté ailleurs de faire la lumière sur leur structure compliquée. A côté d'eux se rangent les spéculations philosophiques, puis enfin ce qu'on peut appeler les « constructions idéales » des hommes, idées d'une éventuelle perfection de l'individu, du peuple ou de l'humanité entière, ou exigences et aspirations qui s'élèvent en eux sur cette base. Le fait que ces créations de l'esprit, loin d'être indépendantes les unes des autres, s'enchevêtrent au contraire étroitement rend fort ardues leur formulation aussi bien que leur dérivation psychologique. Si nous admettons d'une manière très générale que le ressort de toute activité humaine soit le désir d'atteindre deux buts convergents, l'utile et l'agréable (1), il nous faut alors appliquer ce même principe aux manifestations culturelles dont il est ici question, bien que seules parmi elles les activités scientifique et artistique le mettent en évidence. Mais on ne saurait douter que les autres ne correspondent également à des besoins humains très forts, mais qui peut-être ne sont développés que chez une minorité seulement. Ne nous laissons pas non plus égarer par des jugements de valeur portés sur certains de ces idéals ou de ces systèmes religieux et philosophiques. Que l'on cherche à voir en eux la plus haute création de l'esprit humain, ou simplement de déplorables divagations, on est de toute façon obligé de reconnaître que leur existence, plus spécialement leur prédominance, indique un niveau élevé de culture.

Le dernier, mais certes non le moindre trait caractéristique d'une civilisation, apparaît dans la manière dont elle règle les rapports des hommes entre eux. Ces rapports, dits sociaux, concernent les êtres humains envisagés soit comme voisins les uns des autres, soit comme individus appliquant leurs forces à s'entraider, soit comme objets sexuels d'autres

(1) Dans le texte allemand : gain de plaisir. *(N.d.T.)*

individus, soit comme membres d'une famille ou d'un Etat. Parvenus à ce point, il nous devient particulièrement difficile de discerner ce qu'on entend somme toute par le terme de « civilisé », sans pourtant nous laisser influencer par les exigences définies de l'un ou de l'autre idéal. Peut-être recourra-t-on d'abord à l'explication suivante : l'élément culturel serait donné par la première tentative de réglementation de ces rapports sociaux. Si pareille tentative faisait défaut, ceux-ci seraient alors soumis à l'arbitraire individuel, autrement dit à l'individu physiquement le plus fort qui les réglerait dans le sens de son propre intérêt et de ses pulsions instinctives. Et rien ne serait changé si ce plus fort trouvait plus fort que lui. La vie en commun ne devient possible que lorsqu'une pluralité parvient à former un groupement plus puissant que ne l'est lui-même chacun de ses membres, et à maintenir une forte cohésion en face de tout individu pris en particulier. La puissance de cette communauté en tant que « Droit » s'oppose alors à celle de l'individu, flétrie du nom de force brutale. En opérant cette substitution de la puissance collective à la force individuelle, la civilisation fait un pas décisif. Son caractère essentiel réside en ceci que les membres de la communauté limitent leurs possibilités de plaisir alors que l'individu isolé ignorait toute restriction de ce genre. Ainsi donc la prochaine exigence culturelle est celle de la « justice », soit l'assurance que l'ordre légal désormais établi ne sera jamais violé au profit d'un seul. Nous ne nous prononcerons pas sur la valeur éthique d'un tel « Droit ». Poursuivant son évolution, la civilisation semble alors s'engager dans une voie où elle tend à ne plus faire du droit l'expression de la volonté d'une petite communauté — caste, classe ou nation —, celle-ci se comportant à son tour, à l'égard d'autres masses de même genre mais éventuellement plus nombreuses, comme un individu prêt à recourir à la force brutale. Le résultat final doit être l'édification d'un droit auquel tous — ou du moins tous les membres susceptibles d'adhérer à la communauté — aient contribué en sacrifiant leurs impulsions instinctives personnelles, et qui d'autre part ne laisse aucun d'eux devenir la victime de la force brutale, à l'exception de ceux qui n'y ont point adhéré.

La liberté individuelle n'est donc nullement un produit culturel. C'est avant toute civilisation qu'elle était la plus grande, mais aussi sans valeur le plus souvent, car l'individu n'était guère en état de la défendre. Le développement de la civilisation lui impose des restrictions, et la justice exige que ces restrictions ne soient épargnées à personne. Quand une communauté humaine sent s'agiter en elle une poussée de liberté, cela peut répondre à un mouvement de révolte contre une injustice patente, devenir ainsi favorable à un nouveau progrès culturel et demeurer compatible avec lui. Mais cela peut être aussi l'effet de la persistance d'un reste de l'individualisme indompté et former alors la base de tendances hostiles à la civilisation. La poussée de liberté se dirige de ce fait contre certaines formes ou certaines exigences culturelles, ou bien même contre la civilisation.

Il ne paraît pas qu'on puisse amener l'homme par quelque moyen que ce soit à troquer sa nature contre celle d'un termite ; il sera toujours enclin à défendre son droit à la liberté individuelle contre la volonté de la masse. Un bon nombre de luttes au sein de l'humanité se livrent et se concentrent autour d'une tâche unique : trouver un équilibre approprié, donc de nature à assurer le bonheur de tous, entre ces revendications de l'individu et les exigences culturelles de la collectivité. Et c'est l'un des problèmes dont dépend le destin de l'humanité que de savoir si cet équilibre est réalisable au moyen d'une certaine forme de civilisation, ou bien si au contraire ce conflit est insoluble.

En demandant tout à l'heure au sens commun de nous indiquer les traits de la vie humaine méritant le nom de civilisés, nous avons abouti à une impression nette du tableau d'ensemble de la civilisation ; mais, certes, nous n'avons presque rien appris qui ne fût connu de tout le monde. En revanche, nous nous sommes gardés par là de tomber dans le préjugé selon lequel culture équivaudrait à progrès et tracerait à l'homme la voie de la perfection. Ici cependant s'impose à nous une conception propre à orienter différemment notre attention. Le développement de la civilisation nous apparaît comme un processus d'un genre particulier qui se déroule « au-dessus » de l'humanité, et dont pourtant maintes particularités nous donnent le sentiment de quelque chose qui nous serait familier. Ce processus, il nous est possible de le caractériser au moyen des modifications qu'il fait subir aux éléments fondamentaux bien connus que sont les instincts des hommes, instincts dont la satisfaction constitue cependant la grande tâche économique de notre vie.

Un certain nombre de ces instincts se consumeront de telle sorte qu'à leur place surgira quelque chose que nous nommerons chez l'individu une particularité du caractère. L'exemple le plus remarquable de ce mécanisme nous a été fourni par l'érotique anale de l'enfant. L'intérêt primitif attaché par lui à la fonction d'excrétion, à ses organes et à ses produits, se transforme au cours de la croissance en un groupe de qualités bien connues de nous : parcimonie, sens de l'ordre et goût de la propreté. Si elles sont en elles-mêmes de grande valeur et fort bienvenues, elles peuvent néanmoins en s'accentuant acquérir une prépondérance insolite et donner lieu alors à ce qu'on appelle le « caractère anal ». Nous ne savons pas comment cela se passe, mais aucun doute relatif à l'exactitude de cette conception ne subsiste (1). Or, nous avons vu que l'ordre et la propreté font partie des requêtes essentielles de la civilisation, bien que leur nécessité vitale ne saute pas précisément aux yeux et soit même aussi peu évidente que leur aptitude à constituer des sources de plaisir. Ce point éclairci, la similitude existant entre le processus civilisateur et l'évolution de la libido chez l'individu devait nous frapper immédiatement. D'autres pulsions instinctives seront portées à modifier, en les déplaçant, les conditions nécessaires à leur satisfaction, et à leur assigner d'autres voies, ce qui dans la plupart des cas correspond à un mécanisme bien connu de nous : la *sublimation* (du but des pulsions), mais qui en d'autres cas se sépare de lui. La sublimation des instincts constitue l'un des traits les plus saillants du développement culturel ; c'est elle qui permet aux activités psychiques élevées, scientifiques, artistiques ou idéologiques, de jouer un rôle si important dans la vie des êtres civilisés. A première vue, on serait tenté d'y voir essentiellement la destinée même que la civilisation impose aux instincts. Mais on fera mieux d'y réfléchir plus longtemps. En troisième lieu, enfin, et ce point semble le plus important, il est impossible de ne pas se rendre compte en quelle large mesure l'édifice de la civilisation repose sur le principe du renoncement aux pulsions instinctives, et à quel point elle postule précisément la non-satisfaction (répression, refoulement ou quelque autre mécanisme) de puissants instincts. Ce « renoncement culturel » (2) régit le vaste domaine des rapports sociaux entre humains ; et nous savons déjà qu'en lui réside la cause de l'hostilité contre laquelle toutes les civilisations ont à lutter.

(1) Cf. « Caractère et érotique anale », 1908, FREUD, *Œuvres complètes*, t. V, ainsi que les nouvelles et nombreuses contributions de E. Jones, entre autres, sur ce sujet.

(2) Dans le texte, « Kulturversagung », c'est-à-dire plus exactement : refus de la civilisation (à laisser l'individu satisfaire ces dits instincts). *(N.d.T.)*

Il imposera à notre investigation scientifique de lourdes tâches et nous aurons bien des points à élucider. Il n'est pas facile de concevoir comment on peut s'y prendre pour refuser satisfaction à un instinct. Cela ne va nullement sans danger ; si on ne compense pas ce refus d'une manière économique, il faut s'attendre à de graves désordres.

Si nous tenons cependant à savoir à quelle valeur peut prétendre notre conception du développement de la civilisation, considéré comme un processus particulier comparable à la maturation normale de l'individu, il devient évidemment nécessaire de nous attaquer à un autre problème et de nous demander tout d'abord à quelles influences ce dit développement doit son origine, comment il est né, et par quoi son cours fut déterminé.

IV

Voilà une bien lourde tâche ; devant elle, avouons-le, nous perdons courage. Je me bornerai donc à exposer ici le peu que j'ai pu entrevoir.

Lorsqu'il eut découvert qu'au moyen du travail, il avait entre ses mains — au sens propre — l'amélioration de son sort terrestre, l'homme primitif ne put désormais rester indifférent au fait que l'un de ses semblables travaillât avec ou contre lui. Ce semblable prit à ses yeux la valeur d'un collaborateur, et il devenait avantageux de vivre avec lui. Auparavant déjà, aux temps préhistoriques où l'être humain était proche du singe, il avait adopté la coutume de fonder des familles ; et les membres de sa famille furent vraisemblablement ses premiers auxiliaires. On peut supposer que la fondation de celle-ci coïncida avec une certaine évolution du besoin de satisfaction génitale, ce dernier ne se manifestant plus à la manière d'un hôte apparaissant soudain pour ensuite ne plus donner signe de vie de longtemps après son départ, mais comme un locataire qui s'installe à demeure chez l'individu. Par là fut donné au mâle un motif de garder chez lui la femelle ou, d'une façon plus générale, les objets sexuels ; les femelles, de leur côté, ne tenant pas à se séparer de leurs petits, durent dans l'intérêt de ces jeunes êtres dénués de tout secours rester auprès du mâle plus fort (1). Au sein de

(1) En réalité la périodicité du processus sexuel s'est maintenue mais son influence sur l'excitation sexuelle psychique a tourné plutôt en sens contraire. Ce revirement se rattache avant tout à l'effacement du sens de l'odorat

cette famille primitive il nous manque encore un trait essentiel à la civilisation, car l'arbitraire du chef et père était sans limite. J'ai tenté d'indiquer dans *Totem et Tabou* la voie qui conduisait de ce stade familial primitif au suivant, c'est-à-dire au stade où les frères s'allièrent entre eux. Par leur victoire

dont l'entremise mettait la menstruation en état d'agir sur l'esprit du mâle. Le rôle des sensations olfactives fut alors repris par les excitations visuelles. Celles-ci contrairement à celles-là (les excitations olfactives étant intermittentes) furent à même d'exercer une action permanente. Le tabou de la menstruation résulte de ce « refoulement organique » en tant que mesure contre le retour à une phase surmontée du développement. Tous les autres motifs sont probablement de nature secondaire (Cf. C. D. DALY, Mythologie hindoue et complexe de castration, *Imago*, XIII, 1927). Quand les dieux d'une période de civilisation dépassée sont faits démons, cette transformation est la reproduction à un autre niveau de ce même mécanisme. Cependant le retrait à l'arrière-plan du pouvoir excitant de l'odeur semble être lui-même consécutif au fait que l'homme s'est relevé du sol, s'est résolu à marcher debout, station qui, en rendant visibles les organes génitaux jusqu'ici masqués, faisait qu'ils demandaient à être protégés, et engendrait ainsi la pudeur. Par conséquent le redressement ou la « verticalisation » de l'homme serait le commencement du processus inéluctable de la civilisation. A partir de là un enchaînement se déroule qui, de la dépréciation des perceptions olfactives et de l'isolement des femmes au moment de leurs menstrues, conduisit à la prépondérance des perceptions visuelles, à la visibilité des organes génitaux, puis à la continuité de l'excitation sexuelle, à la fondation de la famille et de la sorte au seuil de la civilisation humaine. Il ne s'agit là que d'une spéculation théorique, mais elle est assez importante pour mériter d'être vérifiée avec exactitude sur les animaux dont les conditions de vie se rapprochent le plus de celles de l'homme.

De même nous apercevons l'action d'un facteur social évident dans l'effort vers la propreté imposé par la civilisation. Si cet effort a trouvé sa justification après coup dans la nécessité de respecter l'hygiène, il s'est manifesté néanmoins avant que nous en connussions les lois. L'impulsion à être propre procède du besoin impérieux de faire disparaître les excréments devenus désagréables à l'odorat. Nous savons qu'il en est autrement chez les petits enfants, auxquels ils n'inspirent nulle répugnance, mais apparaissent comme précieux en tant que partie d'eux-mêmes détachée de leur corps. L'éducation s'emploie avec une énergie particulière à hâter la venue du stade suivant au cours duquel les excréments doivent perdre toute valeur, devenir objet de dégoût et de répugnance, être donc répudiés. Pareille dépréciation serait impossible si leur forte odeur ne condamnait pas ces matières retirées au corps à partager le sort réservé aux impressions olfactives après que l'être se fut relevé du sol. Ainsi donc l'érotique anale succombe la première à ce « refoulement organique » qui ouvrit la voie à la civilisation. Le sur le père, ceux-ci avaient fait l'expérience qu'une fédération peut être plus forte que l'individu isolé. La civilisation totémique est basée sur les restrictions qu'ils durent s'imposer pour maintenir ce nouvel état de choses. Les règles du Tabou constituèrent le premier code de « droit ». La vie en commun des humains avait donc pour fondement : premièrement la contrainte au travail créée par la nécessité extérieure, et secondement la puissance de l'amour, ce dernier exigeant que ne fussent privés ni l'homme de la femme, son objet sexuel, ni la femme de cette partie séparée d'elle-même qu'était l'enfant. Eros et Ananké sont ainsi devenus les parents de la civilisation humaine dont le premier succès fut qu'un plus grand nombre d'êtres purent rester et vivre en commun. Et comme deux puissances considérables conjugaient là leur action, on aurait pu espérer que le développement ultérieur s'accomplît sans difficulté et conduisît à une maîtrise toujours plus parfaite du monde extérieur, ainsi qu'à un accroissement progressif du nombre des membres englobés dans la communauté. Il n'est pas facile de comprendre non plus comment cette même civilisation aurait pu faire autrement que de rendre heureux ses ressortissants.

Avant d'examiner d'où le mal peut venir, et pour combler une lacune laissée dans un précédent développement, revenons

facteur social, lequel se charge d'infliger à l'érotique anale de nouvelles transformations, se traduit dans ce fait qu'en dépit de tous les progrès accomplis par l'homme au cours de son développement, l'odeur de ses propres excréments ne le choque guère, alors que seule le choque celle des excréments d'autrui. L'individu malpropre, c'est-à-dire celui qui ne se cache pas de ses excréments, offense donc autrui, lui refuse tout égard ; cette même signification s'applique d'ailleurs aux injures les plus courantes et les plus grossières. De même cet usage injurieux du nom du plus fidèle ami de l'homme parmi les animaux serait incompréhensible si deux particularités ne faisaient encourir au chien le mépris de l'humanité : qu'il soit tout d'abord un « animal olfactif » ne craignant pas les excréments ; qu'il n'ait point honte ensuite de ses fonctions sexuelles.

à cette notion de l'amour admis comme l'un des fondements de la civilisation. Nous avons signalé plus haut ce fait d'expérience que l'amour sexuel (génital) procure à l'être humain les plus fortes satisfactions de son existence et constitue pour lui à vrai dire le prototype de tout bonheur ; et nous avons dit que de là à rechercher également le bonheur de la vie dans le domaine des relations sexuelles et à placer l'érotique génitale au centre de cette vie, il aurait dû n'y avoir qu'un pas. Nous ajoutions qu'en s'engageant dans cette voie on se rendait ainsi, et de la manière la plus inquiétante, dépendant d'une partie du monde extérieur, à savoir de l'objet aimé, et que l'on était exposé à une douleur intense du fait de son dédain ou de sa perte s'il était infidèle ou venait à mourir. C'est pourquoi les sages de tous les temps ont déconseillé cette voie avec tant d'insistance ; mais en dépit de leurs efforts, elle n'a rien perdu de son attrait pour un grand nombre des enfants des hommes.

Il est réservé à une faible minorité d'entre eux, grâce à leur constitution, d'atteindre tout de même au bonheur par la voie de l'amour, mais pour cela il est indispensable de faire subir à la fonction amoureuse de vastes modifications d'ordre psychique. Ces sujets se rendent indépendants de l'agrément de l'objet au moyen d'un déplacement de valeur, c'est-à-dire en reportant sur leur propre amour l'accent primitivement attaché au fait d'être aimé ; ils se protègent contre la perte de la personne aimée en prenant pour objets de leur amour non plus des êtres déterminés mais tous les êtres humains en égale mesure ; ils évitent enfin les péripéties et les déceptions inhérentes à l'amour génital en se détournant de son but sexuel et en transformant les pulsions instinctives en un sentiment à « but inhibé ». La vie intérieure qu'ils se créent par ces moyens, cette manière tendre, égale et détendue de sentir, inaccessible aussi à toute influence, n'a plus beaucoup de ressemblance extérieure, bien qu'elle en procède pourtant, avec la vie amoureuse génitale, ses agitations et ses orages. Saint François d'Assise est peut-être celui qui est allé le plus loin dans cette voie, voie qui conduit à l'utilisation complète de l'amour aux fins du sentiment de bonheur intérieur. Si nous reconnaissons dans ce procédé l'une des techniques destinées à réaliser le principe du plaisir, d'autres l'ont très souvent rattaché à la religion ; car principe du plaisir et religion pourraient bien se rejoindre en ces régions lointaines où l'on néglige de différencier le Moi des objets, et ceux-ci les uns des autres. Une conception éthique, dont les motifs profonds nous deviendront bientôt évidents, voudrait voir dans cette disposition à l'amour universel pour l'humanité et le monde, l'attitude la plus élevée que l'être humain puisse adopter. Ici déjà, nous ne voudrions plus garder par-devers nous deux réserves capitales : en premier lieu, un amour qui ne fait pas de choix nous semble perdre une partie de sa propre valeur en tant qu'il se montre injuste envers son objet ; en second lieu, les êtres humains ne sont pas tous dignes d'être aimés.

Cet amour qui fonda la famille continue d'exercer son empire au sein de la civilisation aussi bien sous sa forme primitive, en tant que ne renonçant pas à la satisfaction sexuelle directe, que sous sa forme modifiée en tant que tendresse inhibée quant au but. Il perpétue sous ces deux formes sa fonction qui est d'unir les uns aux autres un plus grand nombre d'êtres humains et de les unir de façon plus énergique que ne réussit à le faire l'intérêt d'une communauté fondée sur le travail. L'imprécision avec laquelle le langage use du terme « amour » est justifiée du point de vue génétique. On nomme amour la relation entre l'homme et la femme qui en raison de leurs besoins sexuels ont fondé une famille, mais amour aussi les sentiments positifs existant au sein de la famille entre parents et enfants, entre frères et sœurs, bien que nous devions dépeindre ces dernières relations comme amour inhibé quant au but, soit comme tendresse. Mais à l'origine, cet amour inhibé était justement des plus sensuels et il l'est demeuré dans l'inconscient des hommes. Pleinement sensuel ou inhibé, et débordant le cadre de la famille, l'amour va s'emparer sous ses deux formes d'objets jusqu'ici étrangers, et établir avec eux de nouvelles liaisons : génital, il conduit à la formation de nouvelles familles ; inhibé quant au but, à des « amitiés » qui importent fort à la civilisation parce qu'elles échappent à maintes restrictions frappant le premier, par exemple à son exclusivité. Cependant, au cours de l'évolution, le rapport entre l'amour et la civilisation cesse d'être univoque : le premier, d'une part, combat les intérêts de la seconde, laquelle, d'autre part, le menace de douloureuses limitations.

Cette hostilité réciproque semble inévitable ; mais il n'est pas facile d'en distinguer d'emblée la raison profonde. Elle se manifeste tout d'abord sous forme d'un conflit entre la famille et la communauté plus vaste à laquelle appartient l'individu. Nous avons déjà constaté que l'un des principaux efforts de la civilisation tendait à agglomérer les humains en de grandes unités. Mais la famille ne veut pas lâcher l'individu. Ses membres seront d'autant plus souvent disposés à s'isoler de la société, il leur sera d'autant plus difficile d'entrer dans le grand cercle de la vie, que seront plus serrés les liens qui les unissent entre eux. Le mode de vie en commun le plus ancien au point de vue phylogénique, le seul régnant aussi pendant l'enfance de l'individu, résiste à se laisser « relever » par le mode civilisé plus tardivement acquis. Le détachement de la famille devient pour chaque adolescent une tâche, tâche que la société l'aide souvent à remplir au moyen des rites de puberté et d'initiation. On gagne l'impression qu'il s'agit là de difficultés inhérentes à tout développement psychique ; au fond, à tout développement organique également.

De plus, les femmes ne tardent pas à contrarier le courant civilisateur ; elles exercent une influence tendant à la ralentir et à l'endiguer. Et pourtant ce sont ces mêmes femmes qui, à l'origine, avaient établi la base de la civilisation grâce aux exigences de leur amour. Elles soutiendront les intérêts de la famille et de la vie sexuelle alors que l'œuvre civilisatrice, devenue de plus en plus l'affaire des hommes, imposera à ceux-ci des tâches toujours plus difficiles et les contraindra à sublimer leurs instincts, sublimation à laquelle les femmes sont peu aptes. Comme l'être humain ne dispose pas d'une quantité illimitée d'énergie psychique, il ne peut accomplir ses tâches qu'au moyen d'une répartition opportune de sa libido. La part qu'il en destine à des objectifs culturels, c'est surtout aux femmes et à la vie sexuelle qu'il la soustrait ; le contact constant avec d'autres hommes, la dépendance où le tiennent les rapports avec eux, le dérobent à ses devoirs d'époux et de père. La femme, se voyant ainsi reléguée au second plan par les exigences de la civilisation, adopte envers celle-ci une attitude hostile.

La civilisation pour sa part ne tend évidemment pas moins à restreindre la vie sexuelle qu'à accroître la sphère culturelle. Dès sa première phase, la phase du totémisme, ses statuts comportent l'interdiction du choix incestueux de l'objet, soit la mutilation la plus sanglante peut-être imposée au cours du temps à la vie amoureuse de l'être humain. De par les tabous, les lois et les mœurs, on établira de nouvelles restrictions frappant aussi bien les hommes que les femmes. Mais toutes les civilisations ne vont pas aussi loin sur cette voie ; la structure économique de la société exerce également son influence sur la part de liberté sexuelle qui peut subsister. Nous savons bien que sur ce point la civilisation se plie aux nécessités économiques puisqu'elle doit soustraire à la sexualité, pour l'utiliser à ses fins, un fort appoint d'énergie psychique. Elle adopte là un comportement identique à celui d'une tribu ou d'une classe de population qui en exploite et en pille une autre après l'avoir soumise. La crainte de l'insurrection des opprimés incite à de plus fortes mesures de précaution. Notre civilisation européenne occidentale a atteint, comme elle nous le montre, un point culminant dans cette évolution. Mais si elle commence par interdire sévèrement toute manifestation de la sexualité infantile, ce premier acte est psychologiquement tout à fait justifié, car l'endiguement des brûlants désirs sexuels de l'adulte n'a aucune chance d'aboutir s'il n'a pas été amorcé pendant l'enfance par un travail préparatoire. Ce qui, en revanche, ne se justifie en aucune manière, c'est que la société civilisée soit allée jusqu'à nier ces phénomènes si frappants et si faciles à démontrer. Le choix d'un objet par un individu venu à maturité sexuelle sera limité au sexe opposé, la plupart des satisfactions extragénitales seront prohibées en tant que perversions. Toutes ces interdictions traduisent l'exigence d'une vie sexuelle identique pour tous ; cette exigence, en se mettant au-dessus des inégalités que présente la constitution sexuelle innée ou acquise des êtres humains, retranche à un nombre appréciable d'entre eux le plaisir érotique et devient ainsi la source d'une grave injustice. Le succès de ces mesures restrictives pourrait consister alors en ceci que l'intérêt sexuel tout entier, du moins chez les sujets normaux dont la constitution ne s'opposerait pas à pareille réaction, se précipitât sans subir de déperdition dans les « canaux » laissés ouverts. Mais la seule chose demeurée libre et échappant à cette proscription, c'est-à-dire l'amour hétérosexuel et génital, tombe sous le coup de nouvelles limitations imposées par la légitimité et la monogamie. La civilisation d'aujourd'hui donne clairement à entendre qu'elle admet les relations sexuelles à l'unique condition qu'elles aient pour base l'union indissoluble, et contractée une fois pour toutes, d'un homme et d'une femme ; qu'elle ne tolère pas la sexualité en tant que source autonome de plaisir et n'est disposée à l'admettre qu'à titre d'agent de multiplication que rien jusqu'ici n'a pu remplacer.

C'est là naturellement aller à l'extrême. Chacun sait que ce plan s'est révélé irréalisable, fût-ce pour une courte durée. Seuls les débiles ont pu s'accommoder d'une si large emprise sur leur liberté sexuelle ; quant aux natures plus fortes, elles ne s'y sont prêtées que sous la condition de l'octroi d'une compensation dont il sera question plus loin. La société civilisée s'est vue obligée de fermer les yeux sur maintes dérogations que, fidèle à ses statuts, elle aurait dû poursuivre. D'autre part, évitons de verser dans l'erreur contraire en admettant qu'une telle attitude de la part d'une civilisation soit complètement inoffensive puisqu'elle ne remplit pas toutes ses intentions. La vie sexuelle de l'être civilisé est malgré tout gravement lésée ; elle donne parfois l'impression d'une fonction à l'état d'involution, comme paraissent l'être en tant qu'organes nos dents et nos cheveux. On est vraisemblablement en droit d'admettre qu'elle a sensiblement diminué d'importance en tant que source de bonheur, en tant par conséquent que réalisation de notre objectif vital (1). On croit parfois discerner que la pression civilisatrice ne serait pas seule en cause ; de par sa nature même, la fonction sexuelle se refuserait quant à elle à nous accorder pleine satisfaction et nous contraindrait

(1) Parmi les œuvres de cet esprit fin qu'est l'écrivain anglais John GALSWORTHY, et dont la valeur est universellement reconnue de nos jours, une nouvelle m'avait autrefois beaucoup plu. Elle s'intitule *Le pommier* et montre de façon pénétrante comment il n'est plus place, dans notre vie civilisée d'aujourd'hui, pour l'amour simple et naturel de deux êtres humains.

à suivre d'autres voies. Peut-être est-ce là une erreur ? Il est difficile de se prononcer (1).

(1) Voici quelques remarques à l'appui de cette hypothèse. L'homme est lui aussi un animal doué d'une disposition non équivoque à la bisexualité. L'individu correspond à une fusion de deux moitiés symétriques dont l'une, de l'avis de plusieurs chercheurs, est purement masculine et l'autre féminine. Il est tout aussi possible que chacune d'elles à l'origine fût hermaphrodite. La sexualité est un fait biologique très difficile à concevoir psychologiquement, bien qu'il soit d'une extraordinaire importance dans la vie psychique. Nous avons coutume de dire : tout être humain présente des pulsions instinctives, besoins ou propriétés autant masculines que féminines ; mais l'anatomie seule, et non pas la psychologie, est vraiment capable de nous révéler le caractère propre du « masculin » ou du « féminin ». Pour cette dernière, l'opposition des sexes s'estompe en cette autre opposition : activité-passivité. Ici c'est alors trop à la légère que nous faisons correspondre l'activité avec la masculinité, la passivité avec la féminité. Car cette correspondance n'est pas sans souffrir d'exceptions dans la série animale. La théorie de la bisexualité demeure très obscure encore et nous devons en psychanalyse considérer comme une grave lacune l'impossibilité de la rattacher à la théorie des instincts. Quoi qu'il en soit, si nous admettons le fait que, dans sa vie sexuelle, l'individu veuille satisfaire des désirs masculins et féminins, nous sommes prêts à accepter aussi l'éventualité qu'ils ne soient pas tous satisfaits par le même objet, et qu'en outre ils se contrecarrent mutuellement dans le cas où l'on n'aurait pas réussi à les disjoindre ni à diriger chacun d'eux dans la voie qui lui est propre. Une autre difficulté provient de ce qu'un appoint direct de tendance agressive s'associe si souvent à la relation érotique entre deux êtres, indépendamment des composantes sadiques propres à cette dernière. A ces complications, l'être aimé ne répond pas toujours par autant de compréhension et de tolérance que cette paysanne toute prête à se plaindre que son mari ne l'aime plus, parce qu'il ne l'a pas battue depuis une semaine.

Mais l'hypothèse allant le plus au fond des choses est celle qui se rattache aux remarques exposées dans la note de la page 49. Du fait du redressement vertical de l'être humain et de la dévalorisation du sens de l'odorat, non seulement l'érotique anale, mais bien la sexualité tout entière aurait été menacée de succomber au refoulement organique. De là cette résistance autrement inexplicable à la fonction sexuelle, résistance qui, en en empêchant la satisfaction complète, détourne cette fonction de son but et porte aux sublimations ainsi qu'aux déplacements de la libido. Je sais que Bleuler (La résistance sexuelle, *Revue annuelle d'études psychanalytiques et psychopathologiques* (*Jahrbuch für psychoanalyt. und psychopathol. Forschungen*, t. V, 1913), a attiré un jour l'attention sur l'existence d'une telle attitude de refus à l'égard de la vie sexuelle. Tous les névropathes, et beaucoup de non-névropathes, sont choqués par le fait que *inter urinas et faeces nascimur*. Les organes génitaux dégagent aussi de fortes odeurs qui sont intolérables à un grand nombre et les dégoûtent des rapports sexuels. Il s'attesterait ainsi que la racine la plus profonde du refoulement sexuel, dont les progrès vont de pair avec ceux de la civilisation, résidât dans les mécanismes organiques de défense auxquels la nature humaine eut recours, au stade de la station et de la marche debout, en vue de protéger le mode de vie établi par cette nouvelle position contre un retour du mode précédent d'existence animale. C'est là un résultat de recherches scientifiques venant s'accorder de façon curieuse avec les préjugés banals souvent formulés. De toute façon ce ne sont là que suppositions encore incertaines et sans consistance scientifique. N'oublions pas non plus que, malgré l'indéniable dépréciation des sensations de l'odorat, il existe, même en Europe, des peuples qui apprécient hautement la forte odeur des organes génitaux à titre d'excitant sexuel, et ne veulent pas y renoncer. (Voir à ce sujet les constatations auxquelles a donné lieu l'enquête menée par Iwan BLOCH dans le domaine du folklore sur : Le sens de l'odorat dans la vie sexuelle, et parues dans divers bulletins annuels de l'*Anthropophyteia* de Friedrich S. KRAUSS.)

V

La pratique de la psychanalyse nous a enseigné que ces privations sexuelles ne sont précisément pas supportées par les gens appelés névropathes. Ceux-ci se procurent dans leurs symptômes des satisfactions substitutives qui, ou bien les font souffrir par elles-mêmes, ou bien deviennent source de souffrance en leur préparant des difficultés avec le milieu ou la société. Ce dernier cas est facile à comprendre, alors que le premier nous propose une nouvelle énigme. Or la civilisation, en plus des sacrifices sexuels, en exige encore d'autres.

C'est concevoir le laborieux développement de la civilisation comme une difficulté évolutive d'ordre général, que de le ramener, comme nous l'avons fait, à une manifestation de l'inertie de la libido et à la répugnance de celle-ci à abandonner une position ancienne pour une nouvelle. Nous en restons à peu près au même point en faisant découler l'opposition entre la civilisation et la sexualité du fait que l'amour sexuel est une relation à deux, où un tiers ne saurait qu'être superflu ou jouer le rôle de trouble-fête, alors que la civilisation implique nécessairement des relations entre un grand nombre d'êtres. Au plus fort de l'amour, il ne subsiste aucun intérêt pour le monde ambiant ; les amoureux se suffisent l'un à l'autre, n'ont même pas besoin d'un enfant commun pour être heureux. En aucun cas, l'Eros ne trahit mieux l'essence de sa nature, son dessein de faire un seul être de plusieurs ; mais quand il y a réussi en rendant deux êtres amoureux l'un de l'autre, cela lui suffit et, comme le proverbe en fait foi, il s'en tient là.

Jusqu'ici, nous pouvons fort bien imaginer une communauté civilisée qui serait composée de tels « individus doubles », lesquels rassasiant en eux-mêmes leur libido, seraient unis entre eux par le lien du travail et d'intérêts communs. En pareil cas, la civilisation n'aurait plus lieu de soustraire à la sexualité une somme d'énergie quelconque. Mais un état aussi souhaitable n'existe pas et n'a jamais existé ; la réalité nous montre que la civilisation ne se contente point des seuls modes d'union que nous lui avons attribués jusqu'ici, mais qu'elle veut, en outre, unir entre eux les membres de la société par un lien libidinal ; que, dans ce but, elle s'efforce par tous les moyens de susciter entre eux de fortes identifications et de favoriser toutes les voies susceptibles d'y conduire ; qu'elle mobilise enfin la plus grande quantité possible de libido inhibée quant au but sexuel, afin de renforcer le lien social par des relations amicales. Pour réaliser ces desseins, la restriction de la vie sexuelle est indispensable. Mais nous ne voyons absolument pas quelle nécessité entraîne la civilisation dans cette voie et fonde son opposition à la sexualité. Il doit y avoir là un facteur de trouble que nous n'avons pas encore découvert.

Or, parmi les exigences idéales de la société civilisée, il en est une qui peut, ici, nous mettre sur la voie. « Tu aimeras ton prochain comme toi-même », nous dit-elle. Célèbre dans le monde entier, cette maxime est plus vieille à coup sûr que le christianisme, qui s'en est pourtant emparé comme du décret dont il avait lieu de s'estimer le plus fier. Mais elle n'est certainement pas très ancienne. A des époques déjà historiques, elle était encore étrangère aux hommes. Mais adoptons à son égard une attitude naïve comme si nous l'entendions pour la première fois ; nous ne pouvons alors nous défendre d'un sentiment de surprise devant son étrangeté. Pourquoi serait-ce là notre devoir ? Quel secours y trouverions-nous ? Et surtout, comment arriver à l'accomplir ? Comment cela nous serait-il possible ? Mon amour est à mon regard chose infiniment précieuse que je n'ai pas le droit de gaspiller sans en rendre compte. Il m'impose des devoirs que je dois pouvoir m'acquitter au prix de sacrifices. Si j'aime un autre être, il doit le mériter à un titre quelconque. (J'écarte ici deux relations qui n'entrent pas en ligne de compte dans l'amour pour son prochain : l'une fondée sur les services qu'il peut me rendre, l'autre sur son importance possible en tant qu'objet sexuel.) Il mérite mon amour lorsque par des aspects importants il me ressemble à tel point que je puisse en lui m'aimer moi-même. Il le mérite s'il est tellement plus parfait que moi qu'il m'offre la possibilité d'aimer en lui mon propre idéal ; je dois l'aimer s'il est le fils de mon ami, car la douleur d'un ami, s'il arrivait malheur à son fils, serait aussi la mienne ; je devrais la partager. En revanche, s'il m'est inconnu, s'il ne m'attire par aucune qualité personnelle et n'a encore joué aucun rôle dans ma vie affective, il m'est bien difficile d'avoir pour lui de l'affection. Ce faisant, je commettrais même une injustice, car tous les miens apprécient mon amour pour eux comme une préférence ; il serait injuste à leur égard d'accorder à un étranger la même faveur. Or, s'il doit partager les tendres sentiments que j'éprouve sensément pour l'univers tout entier, et cela uniquement parce que tel l'insecte, le ver de terre ou la couleuvre, il vit sur cette terre, j'ai grand-peur que seule une part infime d'amour émane de mon cœur vers lui, et à coup sûr de ne pouvoir lui en accorder autant que la raison m'autorise à en retenir pour moi-même. A quoi bon cette entrée en scène si solennelle d'un précepte que, raisonnablement, on ne saurait conseiller à personne de suivre ?

En y regardant de plus près, j'aperçois plus de difficultés encore. Non seulement cet étranger n'est en général pas digne d'amour, mais, pour être sincère, je dois reconnaître qu'il a plus souvent droit à mon hostilité et même à ma haine. Il ne paraît pas avoir pour moi la moindre affection ; il ne me témoigne pas le moindre égard. Quand cela lui est utile, il n'hésite pas à me nuire ; il ne se demande même pas si l'importance de son profit correspond à la grandeur du tort qu'il me cause. Pis encore : même sans profit, pourvu qu'il y trouve un plaisir quelconque, il ne se fait aucun scrupule de me railler, de m'offenser, de me calomnier, ne fût-ce que pour se prévaloir de la puissance dont il dispose contre moi. Et je peux m'attendre à ce comportement vis-à-vis de moi d'autant plus sûrement qu'il se sent plus sûr de lui et me considère comme plus faible et sans défense. S'il se comporte autrement, s'il a pour moi, sans me connaître, du respect et des ménagements, je suis alors tout prêt à lui rendre la pareille sans l'intervention d'aucun précepte. Certes, si ce sublime commandement était ainsi formulé : « Aime ton prochain comme il t'aime lui-même », je n'aurais alors rien à redire. Mais il est un second commandement qui me paraît plus inconcevable et déchaîne en moi une révolte plus vive encore. « Aime tes ennemis », nous dit-il. Mais, à la réflexion, j'ai tort de le récuser ainsi comme impliquant une prétention encore plus inadmissible que le premier. Au fond, il revient au même (1).

Ici, je crois entendre s'élever une voix sublime : « C'est justement, me rappelle-t-elle, parce que ton prochain est

(1) Un grand poète peut se permettre d'exprimer, du moins sur le ton de la plaisanterie, des vérités psychologiques rigoureusement réprouvées. C'est ainsi que H. Heine nous l'avoue : « Je suis l'être le plus pacifique qui soit. Mes désirs sont : une modeste cabane avec un toit de chaume, mais dotée d'un bon lit, d'une bonne table, de lait et de beurre bien frais avec des fleurs aux fenêtres ; devant la porte quelques beaux arbres ; et si le bon Dieu veut me rendre tout à fait heureux, qu'il m'accorde de voir à peu près six ou sept de mes ennemis pendus à ces arbres. D'un cœur attendri, je leur pardonnerai avant leur mort, toutes les offenses qu'ils m'ont faites durant leur vie — certes on doit pardonner à ses ennemis, mais pas avant qu'ils soient pendus » (HEINE, *Pensées et propos*).

indigne d'être aimé et qu'il est bien plutôt ton ennemi, que tu dois l'aimer comme toi-même. » Il s'agit là, je le comprends maintenant, d'un cas analogue au *Credo quia absurdum.*

Il est maintenant très vraisemblable, si on lui enjoint de m'aimer comme lui-même, que mon prochain réponde exactement comme moi et me répudie pour les mêmes raisons. Aura-t-il à cela le même droit, ses motifs seront-ils aussi objectifs que les miens ? J'espère que non ; mais, même dans ce cas, il tiendra un raisonnement identique au mien. Toujours est-il qu'il existe dans la conduite des hommes des différences que, sans tenir compte ou en se plaçant au-dessus des conditions dont elles dépendent, l'éthique ramène à deux catégories : celle du « bien » et celle du « mal ». Elles sont irrécusables ; mais tant qu'elles ne seront point supprimées, l'obéissance aux lois éthiques supérieures conservera la signification d'un préjudice porté à la civilisation, car cette obéissance encourage directement la méchanceté. On ne peut s'empêcher, ici, d'évoquer l'incident survenu à la Chambre française lors d'un débat sur la peine de mort. Un partisan de son abolition y souleva par un discours enflammé un tonnerre d'applaudissements qu'une voix surgie du fond de la salle interrompit en s'écriant : *Que messieurs les assassins commencent !* (1).

La part de vérité que dissimule tout cela et qu'on nie volontiers se résume ainsi : l'homme n'est point cet être débonnaire, au cœur assoiffé d'amour, dont on dit qu'il se défend quand on l'attaque, mais un être, au contraire, qui doit porter au compte de ses données instinctives une bonne somme d'agressivité. Pour lui, par conséquent, le prochain n'est pas seulement un auxiliaire et un objet sexuel possibles, mais aussi un objet de tentation. L'homme est, en effet, tenté de satisfaire son besoin d'agression aux dépens de son prochain,

(1) En français dans le texte. *(N.d.T.)*

d'exploiter son travail sans dédommagements, de l'utiliser sexuellement sans son consentement, de s'approprier ses biens, de l'humilier, de lui infliger des souffrances, de le martyriser et de le tuer. *Homo homini lupus :* qui aurait le courage, en face de tous les enseignements de la vie et de l'histoire, de s'inscrire en faux contre cet adage ? En règle générale, cette agressivité cruelle ou bien attend une provocation, ou bien se met au service de quelque dessein dont le but serait tout aussi accessible par des moyens plus doux. Dans certaines circonstances favorables en revanche, quand par exemple les forces morales qui s'opposaient à ses manifestations et jusque-là les inhibaient, ont été mises hors d'action, l'agressivité se manifeste aussi de façon spontanée, démasque sous l'homme la bête sauvage qui perd alors tout égard pour sa propre espèce. Quiconque évoquera dans sa mémoire les horreurs des grandes migrations des peuples, ou de l'invasion des Huns ; celles commises par les fameux Mongols de Gengis Khan ou de Tamerlan, ou celles que déclencha la prise de Jérusalem par les pieux croisés, sans oublier enfin celles de la dernière guerre mondiale, devra s'incliner devant notre conception et en reconnaître le bien-fondé.

Cette tendance à l'agression, que nous pouvons déceler en nous-mêmes et dont nous supposons à bon droit l'existence chez autrui, constitue le facteur principal de perturbation dans nos rapports avec notre prochain ; c'est elle qui impose à la civilisation tant d'efforts. Par suite de cette hostilité primaire qui dresse les hommes les uns contre les autres, la société civilisée est constamment menacée de ruine. L'intérêt du travail solidaire ne suffirait pas à la maintenir : les passions instinctives sont plus fortes que les intérêts rationnels. La civilisation doit tout mettre en œuvre pour limiter l'agressivité humaine et pour en réduire les manifestations à l'aide de réactions psychiques d'ordre éthique. De là, cette mobilisation de méthodes incitant les hommes à des identifications et à des relations d'amour inhibées quant au but ; de là cette restriction de la vie sexuelle ; de là aussi cet idéal imposé d'aimer son prochain comme soi-même, idéal dont la justification véritable est précisément que rien n'est plus contraire à la nature humaine primitive. Tous les efforts fournis en son nom par la civilisation n'ont guère abouti jusqu'à présent. Elle croit pouvoir prévenir les excès les plus grossiers de la force brutale en se réservant le droit d'en user elle-même envers les criminels, mais la loi ne peut atteindre les manifestations plus prudentes et plus subtiles de l'agressivité humaine. Chacun de nous en arrive à ne plus voir que des illusions dans les espérances mises pendant sa jeunesse en ses semblables, et comme telles à les abandonner ; chacun de nous peut éprouver combien la malveillance de son prochain lui rend la vie pénible et douloureuse. Mais il serait injuste de reprocher à la civilisation de vouloir exclure de l'activité humaine la lutte et la concurrence. Sans doute sont-elles indispensables, mais rivalité n'est pas nécessairement hostilité ; c'est simplement abuser de la première que d'en prendre prétexte pour justifier la seconde.

Les communistes croient avoir découvert la voie de la délivrance du mal. D'après eux, l'homme est uniquement bon, ne veut que le bien de son prochain ; mais l'institution de la propriété privée a vicié sa nature. La possession des biens confère la puissance à un seul individu et fait germer en lui la tentation de maltraiter son prochain ; celui qui en est dépouillé doit donc devenir hostile à l'oppresseur et se dresser contre lui. Lorsqu'on abolira la propriété privée, qu'on rendra toutes les richesses communes et que chacun pourra participer aux plaisirs qu'elles procurent, la malveillance et l'hostilité qui règnent parmi les hommes disparaîtront. Comme tous les besoins seront satisfaits, nul n'aura plus aucune raison de voir un ennemi en autrui, tous se plieront bénévolement à la nécessité du travail. La critique économique du système communiste n'est point mon affaire, et il ne m'est pas possible d'examiner si la suppression de la propriété privée est opportune et avantageuse (1). En ce qui concerne son postulat psychologique, je me crois toutefois autorisé à y reconnaître une illusion sans consistance aucune. En abolissant la propriété privée, on retire, certes, à l'agressivité humaine et au plaisir qu'elle procure l'un de ses instruments, et sans doute un instrument puissant, mais non pas le plus puissant. En revanche, on n'a rien changé aux différences de puissance et d'influence dont l'agressivité abuse, non plus qu'à la nature de celle-ci. Car elle n'a pas été créée par la propriété mais régnait de façon presque illimitée en des temps primitifs où cette dernière était encore bien peu de chose ; à peine l'instinct de la propriété a-t-il perdu chez les enfants sa forme anale primitive que déjà l'agression se manifeste chez eux ; elle constitue enfin le sédiment qui se dépose au fond de tous les sentiments de tendresse ou d'amour unissant les humains, à l'exception d'un seul peut-être : du sentiment d'une mère pour son enfant mâle. Abolirait-on le droit individuel aux biens matériels, que subsisterait le privilège sexuel, d'où émane obligatoirement la plus violente jalousie ainsi que l'hostilité la plus vive entre des êtres occupant autrement le même rang. Abolirait-on en outre ce dernier privilège en rendant la vie sexuelle entièrement libre, en supprimant donc

(1) Celui qui dans sa propre jeunesse a goûté aux misères de la pauvreté, a éprouvé l'insensibilité et l'orgueil des riches, est sûrement à l'abri du soupçon d'incompréhension et de manque de bienveillance à l'égard des efforts tentés pour combattre l'inégalité des richesses et ce qui en découle. En vérité, si cette lutte veut en appeler au principe abstrait, et fondé sur la justice, de l'égalité de tous les hommes entre eux, il serait trop facile de lui objecter que la nature la toute première, par la souveraine inégalité des capacités physiques et mentales réparties aux humains, a commis des injustices contre lesquelles il n'y a pas de remède.

la famille, cette cellule germinative de la civilisation, que rien ne laisserait prévoir quelles nouvelles voies la civilisation pourrait choisir pour son développement. Il faut, en tout cas, prévoir ceci : quelque voie qu'elle choisisse, le trait indestructible de la nature humaine l'y suivra toujours.

Il n'est manifestement pas facile aux humains de renoncer à satisfaire cette agressivité qui est leur ; ils n'en retirent alors aucun bien-être. Un groupement civilisé plus réduit, c'est là son avantage, ouvre une issue à cette pulsion instinctive en tant qu'il autorise à traiter en ennemis tous ceux qui restent en dehors de lui. Et cet avantage n'est pas maigre. Il est toujours possible d'unir les uns aux autres par les liens de l'amour une plus grande masse d'hommes, à la seule condition qu'il en reste d'autres en dehors d'elle pour recevoir les coups. Je me suis occupé jadis de ce phénomène que justement les communautés voisines et même apparentées se combattent et se raillent réciproquement ; par exemple Espagnols et Portugais, Allemands du Nord et du Sud, Anglais et Ecossais, etc. Je l'ai appelé « Narcissisme des petites différences », nom qui ne contribue guère à l'éclairer. Or, on y constate une satisfaction commode et relativement inoffensive de l'instinct agressif, par laquelle la cohésion de la communauté est rendue plus facile à ses membres. Le peuple juif, du fait de sa dissémination en tous lieux, a dignement servi, de ce point de vue, la civilisation des peuples qui l'hébergeaient ; mais hélas, tous les massacres de Juifs du Moyen Age n'ont suffi à rendre cette période plus paisible ni plus sûre aux frères chrétiens. Lorsque l'apôtre Paul eut fait de l'Amour universel des hommes le fondement de sa communauté chrétienne, la plus extrême intolérance de la part du christianisme à l'égard des non-convertis en fut la conséquence inévitable ; intolérance demeurée étrangère aux Romains dont la vie publique et politique n'était point fondée sur l'amour, bien que pour eux la religion fût affaire d'Etat et que l'Etat fût tout imprégné de religion. Ce ne fut pas non plus l'œuvre d'un hasard inintelligible si les Germains firent appel à l'antisémitisme pour réaliser plus complètement leur rêve de suprématie mondiale ; et l'on voit comment la tentative d'instauration en Russie d'une civilisation communiste nouvelle trouve son point d'appui psychologique dans la persécution des bourgeois. Seulement, on se demande avec anxiété ce qu'entreprendront les Soviets une fois tous leurs bourgeois exterminés.

Si la civilisation impose d'aussi lourds sacrifices, non seulement à la sexualité mais encore à l'agressivité, nous comprenons mieux qu'il soit si difficile à l'homme d'y trouver son bonheur. En ce sens, l'homme primitif avait en fait la part belle puisqu'il ne connaissait aucune restriction à ses instincts. En revanche, sa certitude de jouir longtemps d'un tel bonheur était très minime. L'homme civilisé a fait l'échange d'une part de bonheur possible contre une part de sécurité. Mais n'oublions pas que dans la famille primitive le chef seul jouissait d'une pareille liberté de l'instinct ; les autres subissaient en esclaves son oppression. Le contraste entre une minorité profitant des avantages de la civilisation et une majorité privée de ceux-ci était donc, à cette époque reculée du développement humain, poussé à l'extrême. Des renseignements plus exacts sur les mœurs des sauvages actuels nous ont appris qu'il n'y avait nullement lieu d'envier la liberté de leur vie instinctive : ils étaient, en effet, soumis à des restrictions d'un autre ordre, mais plus sévères peut-être que n'en subit le civilisé moderne.

Si nous reprochons à juste titre à notre civilisation actuelle de réaliser aussi insuffisamment un ordre vital propre à nous rendre heureux — ce que pourtant nous exigeons d'elle — ainsi que de laisser subsister tant de souffrances vraisemblablement évitables ; si d'autre part nous nous efforçons, par une critique impitoyable, de découvrir les sources de son imperfection, nous ne faisons, certes, qu'exercer notre bon droit ; et en cela nous ne nous déclarons pas ses ennemis. C'est également notre droit d'espérer d'elle, peu à peu, des changements susceptibles de satisfaire mieux à nos besoins et de la soustraire ainsi à ces critiques. Toutefois, nous nous familiariserons peut-être avec cette idée que certaines difficultés existantes sont intimement liées à son essence et ne sauraient céder à aucune tentative de réforme. Indépendamment des obligations imposées par la restriction des pulsions instinctives, obligations auxquelles nous sommes préparés, nous sommes obligés d'envisager aussi le danger suscité par un état particulier qu'on peut appeler « la misère psychologique de la masse ». Ce danger devient des plus menaçants quand le lien social est créé principalement par l'identification des membres d'une société les uns aux autres, alors que certaines personnalités à tempérament de chefs ne parviennent pas, d'autre part, à jouer ce rôle important qui doit leur revenir dans la formation d'une masse (1). L'état actuel de l'Amérique fournirait une bonne occasion d'étudier ce redoutable préjudice porté à la civilisation. Je résiste à la tentation de me lancer dans la critique de la civilisation américaine, ne tenant pas à donner l'impression de vouloir moi-même user de méthodes américaines.

(1) Cf. FREUD, *Psychologie des masses et analyse du moi*, 1920, trad. par S. JANKÉLÉVITCH dans *Essais de psychanalyse*, Payot.

VI

Aucun ouvrage ne m'a donné comme celui-ci l'impression aussi vive de dire ce que tout le monde sait, et d'user de papier et d'encre et, par suite, de mobiliser typographes et imprimeurs pour raconter des choses qui, à proprement parler, vont de soi. Aussi serais-je très heureux, et soulignerais-je volontiers le fait, s'il apparaissait que ces lignes dussent pourtant apporter quelque changement à la théorie psychanalytique des instincts en établissant l'existence d'un instinct agressif, spécial et autonome.

Mais il apparaîtra qu'il n'en va pas ainsi, qu'il s'agit uniquement de mieux saisir une orientation prise à vrai dire depuis longtemps, et d'en tirer de plus amples conséquences. Parmi toutes les notions lentement développées par la théorie analytique, la doctrine des instincts (1) est celle qui donna lieu aux tâtonnements les plus laborieux. Pourtant, elle était une partie si indispensable du tout qu'il fallait bien, dès l'abord, mettre n'importe quoi à sa place. Au début, alors que j'étais plongé dans la plus complète perplexité, la proposition du poète philosophe Schiller énonçant que « la faim et l'amour » règlent le fonctionnement des rouages de ce monde me fournit un premier point d'appui (2). La faim pouvait être le repré-

(1) En allemand « Trieblehre », soit plus exactement théorie des pulsions. Ce dernier terme traduirait mieux la pensée de Freud, et sa conception énergétique de l'instinct ; mais il n'est pas familier au public français. *(N.d.T.)*

(2) Freud fait ici allusion à un passage connu d'une poésie de SCHILLER intitulée : *Les philosophes.* Nous transcrirons ces quatre vers comme suit : « En attendant que la philosophie soutienne l'édifice du monde, la nature en maintient les rouages par la faim et par l'amour ». *(N.d.T.)*

sentant de ces pulsions qui veulent conserver l'individu, alors que l'amour tend vers les objets, et que sa fonction principale, favorisée de toute manière par la nature, consiste à conserver l'espèce. Dès l'abord, les « instincts du Moi » et les « instincts objectaux » entraient ainsi en opposition. Pour définir l'énergie de ces derniers, à l'exclusion de tout autre, j'introduisis le terme de *libido*. C'est ainsi que s'établit l'opposition, d'une part, entre les instincts de conservation du Moi et, d'autre part, les instincts libidinaux dirigés vers l'objet, ou pulsions d'amour au sens le plus large. L'une de ces pulsions objectales, la pulsion sadique, se mit en évidence par plusieurs traits saillants, de telle sorte que son but n'était nullement dicté par un amour imbu de tendresse ; qu'en outre, à beaucoup d'égards, elle se rattachait visiblement aux pulsions du Moi, et ne pouvait d'ailleurs dissimuler sa proche parenté avec les instincts de domination dénués d'intention libidinale. Néanmoins, on passa par-dessus ces discordances ; le sadisme appartenait notoirement à la vie sexuelle, le jeu de la cruauté pouvant remplacer celui de la tendresse. La névrose apparaissait comme l'issue d'un combat entre l'intérêt voué à la conservation de soi-même et les exigences de la libido, combat dont le Moi sortait victorieux, mais au prix de vives souffrances et de renoncements.

Chaque psychanalyste devra reconnaître qu'aujourd'hui encore tout cela n'a point l'allure d'une erreur corrigée depuis très longtemps. Mais dès l'instant où notre investigation, marquant en cela un progrès, passa du « refoulé » au « refoulant », des pulsions objectales au Moi, certaines modifications apparurent indispensables. A ce moment, l'introduction du concept du narcissisme devint décisive, ce terme s'appliquant à la découverte du fait que le « Moi » lui aussi est investi de libido, en serait même le lieu d'origine et dans une certaine mesure en demeurerait le quartier général. Cette libido narcissique peut se tourner vers les objets, passer ainsi à l'état de libido objectale, mais se retransformer ensuite en libido narcissique. Le concept du narcissisme rendit possible la conception analytique de la névrose traumatique, ainsi que de nombre d'affections voisines des psychoses ; il permit même de saisir psychanalytiquement ces dernières. Il n'y avait pas lieu de cesser d'interpréter les névroses de transfert comme des tentatives du Moi de se prémunir contre la sexualité. Cependant, le concept de libido était menacé. Puisque les instincts du Moi étaient eux aussi libidinaux, il parut un instant que la confusion complète entre libido et énergie instinctive en général devenait inévitable, comme auparavant G.-G. Jung l'avait déjà prétendu. Cela n'était pourtant pas satisfaisant ; on gardait malgré tout une arrière-pensée, comme si subsistait la certitude (sans qu'il fût possible encore d'en donner une raison) que les instincts pouvaient ne pas être tous de même nature. Le pas suivant, je le fis dans *Au-delà du principe de plaisir* (1920) (1), alors que l'automatisme de répétition et le caractère conservateur de la vie instinctive m'eurent frappé pour la première fois. Parti de certaines spéculations sur l'origine de la vie et certains parallèles biologiques, j'en tirai la conclusion qu'à côté de l'instinct qui tend à conserver la substance vivante et à l'agréger en unités toujours plus grandes (2), il devait en exister un autre qui lui fût opposé, tendant à dissoudre ces unités et à les ramener à leur état le plus primitif, c'est-à-dire à l'état anorganique. Donc, indépendamment de l'instinct érotique, existait un instinct de mort ; et leur action conjuguée ou antagoniste permettait d'expliquer les phénomènes de la vie. Mais alors,

(1) Dans *Essais de psychanalyse*, *op. cit.* (*N.d.T.*)

(2) Remarquons à ce propos combien l'inlassable tendance expansive de l'Eros s'oppose à la nature générale si conservatrice des instincts. Cette opposition est frappante et peut nous conduire à poser de nouveaux problèmes.

il n'était pas facile de démontrer l'activité de cet instinct de mort ainsi admis. Les manifestations de l'Eros étaient suffisamment évidentes et bruyantes. On pouvait admettre que l'instinct de mort travaillât silencieusement, dans l'intimité de l'être vivant, à la dissolution de celui-ci, mais cela ne constituait naturellement aucune preuve ; l'idée qu'une partie s'en tourne contre le monde extérieur et devient apparente sous forme de pulsion agressive et destructrice nous fit faire un pas de plus. Ainsi l'instinct de mort eût été contraint de se mettre au service de l'Eros ; l'individu anéantissait alors quelque chose d'extérieur à lui, vivant ou non, au lieu de sa propre personne. L'attitude inverse, c'est-à-dire l'arrêt de l'agression contre l'extérieur, devait renforcer la tendance à l'autodestruction, tendance sans cesse agissante de toutes façons. On pouvait, en même temps, déduire de ce mécanisme typique que les deux espèces d'instincts entraient rarement — peut-être jamais — en jeu isolément, mais qu'ils formaient entre eux des alliages divers au titre très variable, au point de devenir méconnaissables à nos yeux. Dans le sadisme, pulsion dès longtemps reconnue comme composante partielle de la sexualité, on aurait ce genre d'alliage, et tout spécialement riche, de la pulsion d'amour avec la pulsion de destruction ; de même que dans sa contrepartie, le masochisme, un alliage de cette tendance à la destruction, tournée vers l'intérieur, avec la sexualité. Ainsi, cette tendance autrement impossible à percevoir devient précisément sensible et frappante.

L'hypothèse de l'instinct de mort ou de destruction a rencontré de la résistance même au sein des milieux psychanalytiques. Je sais combien est répandue la tendance à attribuer de préférence tout ce qu'on découvre de dangereux et de haineux dans l'amour à une bipolarité originelle qui serait propre à sa nature. Au début, je n'avais défendu qu'à titre d'essai les conceptions ici développées ; mais, avec le temps, elles se sont imposées à moi avec une telle force que je ne puis plus penser autrement. Je veux dire que, du point de vue théorique, elles sont incomparablement plus fructueuses que n'importe quelles autres ; elles apportent, sans négliger ni forcer les faits, cette simplification vers laquelle nous tendons dans notre travail scientifique. Je reconnais que dans, le sadisme et le masochisme, nous avons toujours vu les manifestations, fortement teintées d'érotisme, de l'instinct de destruction tourné vers l'extérieur ou vers l'intérieur ; mais je ne comprends plus que nous puissions rester aveugles à l'ubiquité de l'agression et de la destruction non érotisées et négliger de leur accorder la place qu'elles méritent dans l'interprétation des phénomènes de la vie. (La soif de destruction, tournée au-dedans, se dérobe, il est vrai, en majeure partie à toute aperception lorsqu'elle n'est pas teintée d'érotisme.) Je me rappelle ma propre résistance à la conception d'un instinct de destruction quand elle se fit jour dans la littérature psychanalytique ; et combien j'y restai inaccessible. Le fait que d'autres aient manifesté cette même répugnance, et la manifestent encore, me surprend moins. Il est vrai que ceux qui préfèrent les contes de fées font la sourde oreille quand on leur parle de la tendance native de l'homme à la « méchanceté », à l'agression, à la destruction, et donc aussi à la cruauté. Dieu n'a-t-il pas fait l'homme à l'image de sa propre perfection ? Et nous n'aimons pas qu'on nous rappelle combien il est difficile de concilier — en dépit des affirmations solennelles de la « Science chrétienne » — l'indéniable existence du mal avec la toute-puissance et la souveraine bonté divines. Le Diable est encore le meilleur subterfuge pour disculper Dieu ; il remplirait là cette même mission de « soulagement économique » que le monde où règne l'idéal aryen fait remplir au Juif. Mais là encore on peut tout aussi bien demander compte à Dieu de l'existence du Diable que de celle du mal qu'il incarne. Vu ces difficultés, il convient de conseiller à chacun de s'incliner très bas, et à bon escient, devant la nature profondément morale de l'homme ; cela l'aidera à gagner la faveur générale et il lui sera pour cela beaucoup pardonné (1).

Le terme de libido peut de nouveau s'appliquer aux manifestations énergétiques de l'Eros pour les distinguer de l'énergie de l'instinct de mort (2). Il faut le reconnaître, nous n'en saisissons que plus difficilement ce dernier sous la seule forme pour ainsi dire d'un résidu, deviné derrière les manifestations érotiques, et qui nous échappe dès que son alliage avec elles ne le trahit plus. C'est dans le sadisme, où il détourne à son profit la pulsion érotique, tout en donnant satisfaction entière au désir sexuel, que nous distinguons le plus clairement son essence et sa relation avec l'Eros. Mais lorsqu'il entre en scène sans propos sexuel, même dans l'accès le plus aveugle de rage destructrice, on ne peut méconnaître que son assouvisse-

(1) Dans le personnage de Méphistophélès de Gœthe, l'identification du principe du mal avec l'instinct de destruction est tout particulièrement convaincante.

Car tout ce qui naît
mérite de périr
. . . .
Ainsi tout ce qu'on nomme communément
Péché, destruction, en un mot le mal,
Est mon propre élément.

Le Diable ensuite appelle son adversaire non pas la Sainteté et le Bien, mais la puissance de création, de multiplication de la vie, que possède la nature, par conséquent : Eros.

De l'air, de l'eau, comme de la terre
S'échappent mille et mille semences
Dans la sécheresse, l'humidité, le chaud, le froid !
Si le feu, mon dernier bien, ne m'était réservé,
Je n'aurais plus rien qui m'appartienne.

(2) On pourrait formuler notre conception présente à peu près en ces termes : une part de libido participe à toute manifestation instinctive, mais en celle-ci tout n'est pas libido.

ment s'accompagne là encore d'un plaisir narcissique extraordinairement prononcé, en tant qu'il montre au Moi ses vœux anciens de toute-puissance réalisés. Une fois modéré et dompté, et son but pour ainsi dire inhibé, l'instinct de destruction dirigé contre les objets doit permettre au Moi de satisfaire ses besoins vitaux et de maîtriser la nature. Comme, en fait, nous avons eu recours à des arguments théoriques pour admettre son existence, il nous faut concéder qu'elle n'est pas non plus complètement à l'abri d'objections théoriques ; en tout cas, elle nous paraît bien répondre au réel dans l'état actuel de nos connaissances. Les recherches et interprétations à venir apporteront à coup sûr la lumière décisive.

Dans tout ce qui va suivre, je m'en tiendrai donc à ce point de vue que l'agressivité constitue une disposition instinctive primitive et autonome de l'être humain, et je reviendrai sur ce fait que la civilisation y trouve son entrave la plus redoutable. Au cours de cette étude, l'intuition, un moment, s'est imposée à nous que la civilisation est un processus à part se déroulant au-dessus de l'humanité, et nous restons toujours sous l'empire de cette conception. Nous ajoutons maintenant que ce processus serait au service de l'Eros et voudrait, à ce titre, réunir des individus isolés, plus tard des familles, puis des tribus, des peuples ou des nations, en une vaste unité : l'humanité même. Pourquoi est-ce une nécessité ? Nous n'en savons rien ; ce serait justement l'œuvre de l'Eros. Ces masses humaines ont à s'unir libidinalement entre elles ; la nécessité à elle seule, les avantages du travail en commun ne leur donneraient pas la cohésion voulue. Mais la pulsion agressive naturelle aux hommes, l'hostilité d'un seul contre tous et de tous contre un seul s'opposent à ce programme de la civilisation. Cette pulsion agressive est la descendante et la représentation principale de l'instinct de mort que nous avons trouvé à l'œuvre à côté de l'Eros et qui se partage avec lui la domination du monde. Désormais la signification de l'évolution de la civilisation cesse à mon avis d'être obscure : elle doit nous montrer la lutte entre l'Eros et la mort, entre l'instinct de vie et l'instinct de destruction, telle qu'elle se déroule dans l'espèce humaine. Cette lutte est, somme toute, le contenu essentiel de la vie. C'est pourquoi il faut définir cette évolution par cette brève formule : le combat de l'espèce humaine pour la vie (1). Et c'est cette lutte de géants que nos nourrices veulent apaiser en clamant : « Eiapopeia du ciel ! » (2).

(1) Pour préciser, on peut vraisemblablement ajouter : tel qu'il devrait se développer à partir d'un certain événement non découvert encore.

(2) Dans le texte : « Eiapopeia vom Himmel », expression empruntée au célèbre poème de H. HEINE intitulé *Allemagne* (chant I, strophe 7). Le poète quitte Paris, sa « chère ville », et rentre en Allemagne par un triste jour de novembre. Là, il écoute une jeune joueuse de harpe. « ... Elle chantait la vallée des larmes terrestres où toutes joies s'évanouissent, et l'au-delà, où l'âme transfigurée s'épanouit dans les béatitudes éternelles. Elle chantait l'antique chant du renoncement, l'Eiapopeia du Ciel, avec lequel, quand il pleurniche, on berce le peuple, ce gros bêta... » *(N.d.T.)*

VII

Pourquoi donc nos frères les animaux ne nous donnent-ils le spectacle d'aucune lutte civilisatrice semblable ? Hélas, nous n'en savons rien. Il est fort probable que certains d'entre eux, les abeilles, les fourmis, les termites, ont lutté des milliers de siècles pour aboutir à ces institutions gouvernementales, à cette répartition des fonctions, à cette limitation de la liberté individuelle que nous admirons aujourd'hui chez eux. Mais notre sentiment intime qu'en aucune de ces républiques d'animaux, en aucun des rôles respectifs départis à leurs sujets, nous ne nous estimerions heureux est un signe caractéristique de notre état actuel. Il se peut que d'autres espèces animales aient trouvé entre les influences du milieu et les instincts en lutte dans leur sein un équilibre temporaire, et qu'ainsi leur développement soit entré dans une période calme. Il est possible que chez l'homme primitif une nouvelle poussée de la libido ait allumé une nouvelle contre-poussée de la pulsion destructrice. Que de questions, ici, à se poser, auxquelles il n'est pas encore de réponse !

Un autre problème nous touche de plus près : à quels moyens recourt la civilisation pour inhiber l'agression, pour rendre inoffensif cet adversaire et peut-être l'éliminer ? Nous avons déjà repéré quelques-unes de ces méthodes mais nous ne connaissons pas encore la plus importante apparemment.

Nous pouvons l'étudier dans l'histoire du développement de l'individu. Que se passe-t-il en lui qui rende inoffensif son désir d'agression ? Une chose bien singulière. Nous ne l'aurions pas devinée et pourtant point n'est besoin de chercher loin pour la découvrir. L'agression est « introjectée », intériorisée, mais aussi, à vrai dire, renvoyée au point même d'où elle était partie : en d'autres termes, retournée contre le propre Moi. Là, elle sera reprise par une partie de ce Moi, laquelle, en tant que « Surmoi », se mettra en opposition avec l'autre partie. Alors, en qualité de « conscience morale », elle manifestera à l'égard du Moi la même agressivité rigoureuse que le Moi eût aimé satisfaire contre des individus étrangers. La tension née entre le Surmoi sévère et le Moi qu'il s'est soumis, nous l'appelons « sentiment conscient de culpabilité » ; et elle se manifeste sous forme de « besoin de punition ». La civilisation domine donc la dangereuse ardeur agressive de l'individu en affaiblissant celui-ci, en le désarmant, et en le faisant surveiller par l'entremise d'une instance en lui-même, telle une garnison placée dans une ville conquise.

L'analyste se fait de la genèse du sentiment de culpabilité une opinion différente de celle qu'en ont, par ailleurs, les psychologues ; mais lui non plus ne peut aisément rendre compte de cette genèse. Tout d'abord, si l'on se demande comment on arrive à éprouver ce sentiment, on reçoit une réponse impossible à réfuter : on a conscience d'être coupable (les gens religieux disent : d'avoir péché) si l'on a commis quelque chose qu'on reconnaît être « mal ». On remarque alors combien l'apport de cette réponse est maigre. Peut-être, après quelque hésitation, ajoutera-t-on : celui-là aussi qui n'a pas commis le mal, mais reconnaît en avoir eu simplement l'intention, peut se tenir pour coupable. Nous poserons alors cette question : pourquoi, en ce cas, considère-t-on l'intention et l'exécution comme équivalentes ? Les deux cas présupposent qu'on a déjà condamné le mal et jugé que sa réalisation devait être exclue. Comment en arrive-t-on à cette décision ? Nous sommes en droit d'écarter le principe d'une faculté originelle, et pour ainsi dire naturelle, de distinguer le bien du mal. Souvent, le mal ne consiste nullement en ce qui est nuisible et dangereux pour le Moi, mais au contraire en ce qui lui est souhaitable et lui procure un plaisir. Là donc se manifeste une influence étrangère, qui décrète ce qu'on doit appeler le bien et le mal. Comme l'homme n'a pas été orienté vers cette discrimination par son propre sentiment, il lui faut, pour se soumettre à cette influence étrangère, une raison. Elle est facile à découvrir dans sa détresse et sa dépendance absolue d'autrui, et l'on ne saurait mieux la définir qu'angoisse devant le retrait d'amour. S'il lui arrive de perdre l'amour de la personne dont il dépend, il perd du même coup sa protection contre toutes sortes de dangers, et le principal auquel il s'expose est que cette personne toute-puissante lui démontre sa supériorité sous forme de châtiment. Aussi le mal est-il originellement ce pourquoi on est menacé d'être privé d'amour ; et c'est par peur d'encourir cette privation qu'on doit éviter de le commettre. Ainsi donc fort peu importe qu'on l'ait commis ou qu'on ait eu seulement l'intention de le commettre ; dans un cas comme dans l'autre, le danger ne surgit que dès l'instant où l'autorité découvre la chose, et dans les deux cas elle se comporterait semblablement.

On nomme cet état « mauvaise conscience », mais à proprement parler il ne mérite pas ce nom, car à ce stade le sentiment de culpabilité n'est évidemment qu'angoisse devant la perte de l'amour, qu'angoisse « sociale ». Chez le petit enfant il ne peut jamais être autre chose ; mais chez beaucoup d'adultes il ne change guère, hormis le fait que la grande société humaine prendra la place du père ou des deux parents. Aussi, ces adultes ne se permettent, en règle générale, de commettre le mal susceptible de leur procurer un plaisir que s'ils sont certains que l'autorité n'en saura rien ou ne pourra rien leur faire ; seule la crainte d'être découverts détermine leur angoisse (1). La société actuelle doit somme toute tenir compte de cet état de choses.

Un grand changement intervient dès le moment où l'autorité est intériorisée, en vertu de l'instauration d'un Surmoi. Alors les phénomènes de conscience (morale) se trouvent élevés à un autre niveau, et l'on ne devrait parler de conscience et de sentiment de culpabilité qu'une fois ce changement opéré (2). Dès lors l'angoisse d'être découvert tombe aussi, et la différence entre faire le mal et vouloir le mal s'efface totalement, car rien ne peut rester caché au Surmoi, pas même des pensées. Toutefois la gravité réelle de la situation a disparu du fait que l'autorité nouvelle, le Surmoi, n'a aucune raison, croyons-nous, de maltraiter le Moi auquel il est intimement lié. Mais l'influence de sa genèse dont le mode permet au passé, et au dépassé, de survivre en lui, se manifeste en ceci qu'au fond tout est resté comme avant, dans l'état primitif. Le Surmoi tourmente le Moi pécheur au moyen des mêmes sensations d'angoisse et guette les occasions de le faire punir par le monde extérieur.

A ce second stade du développement, la conscience (morale) présente une particularité qui était encore étrangère au premier, et qu'il n'est pas plus facile d'expliquer. Elle s'y comporte en effet avec d'autant plus de sévérité, et manifeste une méfiance d'autant plus grande, que le sujet est plus vertueux ; si bien qu'en fin de compte ceux-là s'accuseront d'être les plus grands pécheurs qu'elle aura fait avancer le plus loin dans la voie de la sainteté. En quoi la vertu se voit frustrée d'une part

(1) Se rappeler le fameux Mandarin de Rousseau.

(2) Que, dans cet exposé sommaire, se trouvent rigoureusement isolés des phénomènes qui en réalité s'accomplissent en prenant des formes intermédiaires successives, et qu'il ne s'agisse pas seulement de l'existence du Surmoi, mais aussi de sa force relative et de sa sphère d'influence, tout esprit averti le comprendra et en tiendra compte. Tout ce que nous avons dit jusqu'à présent de la conscience morale et de la culpabilité est bien connu et à peu près incontesté.

des récompenses qui lui sont promises, car le Moi docile et ascétique ne jouit pas de la confiance de son mentor et s'efforce en vain, semble-t-il, de l'obtenir. Mais ici on nous fera volontiers l'objection suivante : ces difficultés, ne les créeriez-vous point par trop artificiellement ? En effet, une conscience plus exigeante et plus vigilante serait justement le trait caractéristique de l'homme moral, et si les saints se donnent pour pécheurs, ils ne le font point sans raison, si l'on considère les tentations, auxquelles ils sont en une si large mesure exposés, de satisfaire leurs pulsions instinctives. Car les tentations, on le sait, ne font que croître dans le renoncement continuel, alors qu'elles se relâchent, pour un temps au moins, si on leur cède à l'occasion. Un autre fait, relevant de ce domaine de l'éthique si riche en problèmes, est que l'adversité, c'est-à-dire le « refus » du monde extérieur, élève à un tel degré dans le Surmoi la puissance de la conscience morale : tant que le sort sourit à l'homme, elle demeure indulgente et passe au Moi bien des choses ; mais qu'un malheur l'assaille, il rentre alors en lui-même, reconnaît ses péchés, raffermit les exigences de sa conscience, s'impose des privations et se punit en s'infligeant des pénitences (1). Des peuples entiers se sont comportés tout à fait de la même manière et se comportent toujours ainsi. Et cela s'explique aisément si l'on remonte au stade infantile primitif de la conscience, lequel n'est donc pas abandonné après l'introjection de l'autorité dans le Surmoi, mais persiste au contraire à côté et en arrière de celle-ci. Le sort est considéré comme un substitut de l'instance parentale ; si le malheur nous frappe, cela signifie

(1) C'est de ce renforcement de la morale par l'adversité que traite Marc Twain dans une savoureuse petite histoire intitulée : *The first melon I ever stole* (ce premier melon par hasard n'est pas mûr). Il me fut donné d'entendre Marc Twain lui-même raconter cette historiette. Après en avoir énoncé le titre, il s'interrompit et comme en proie à un doute se demanda : *Was it the first ?* C'était tout dire!

qu'on a cessé d'être aimé par cette autorité toute-puissante. Ainsi menacé de ce retrait d'amour, on se soumet derechef aux parents représentés par le Surmoi, alors que dans le bonheur on les négligeait. Ceci devient particulièrement clair quand on ne voit dans le sort, au sens religieux strict, que l'expression de la volonté divine. Le peuple d'Israël s'était considéré comme l'enfant préféré de Dieu, et lorsque le Père tout-puissant fit fondre malheurs sur malheurs sur son peuple élu, ce dernier ne mit pourtant nullement en doute cette préférence, comme il ne douta pas un instant de la puissance et de la justice divines. Mais il engendra d'autre part les prophètes, lesquels lui reprochaient sans cesse ses péchés ; et il tira de son sentiment de culpabilité les règles excessivement rigoureuses de sa religion de prêtres. Remarquons, car le fait est curieux, combien différemment se comporte le primitif ! Quand un malheur l'a frappé, il ne prend pas la faute sur lui ; il la met au contraire sur le compte du fétiche, lequel évidemment n'a pas rempli ses devoirs ; puis il le roue de coups au lieu de se punir lui-même.

Nous connaissons ainsi deux origines au sentiment de culpabilité : l'une est l'angoisse devant l'autorité, l'autre, postérieure, est l'angoisse devant le Surmoi. La première contraint l'homme à renoncer à satisfaire ses pulsions. La seconde, étant donné l'impossibilité de cacher au Surmoi la persistance des désirs défendus, pousse en outre le sujet à se punir. Nous avons vu aussi comment on peut comprendre la sévérité du Surmoi, c'est-à-dire les ordres de la conscience. Elle prolonge tout simplement la sévérité de l'autorité extérieure, qu'elle a relevée de ses fonctions et remplacée en partie. Nous discernons maintenant le rapport existant entre le « renoncement aux pulsions » et le sentiment de culpabilité. A l'origine, le renoncement est bien la conséquence de l'angoisse inspirée par l'autorité externe ; on renonce à des satisfactions pour ne pas perdre son amour. Ceci une fois accompli, on est pour ainsi dire quitte envers elle ; il ne devrait alors subsister aucun sentiment de culpabilité. Mais il en va autrement de l'angoisse devant le Surmoi. Dans ce cas, le renoncement n'apporte pas un secours suffisant, car le désir persiste et ne peut être dissimulé au Surmoi. Un sentiment de faute réussira par conséquent à naître en dépit du renoncement accompli ; et ceci constitue un grave inconvénient économique de l'entrée en jeu du Surmoi, ou, comme on peut dire aussi, du mode de formation de la conscience morale. Dès lors, le renoncement aux pulsions n'exerce plus aucune action pleinement libératrice, l'abstinence n'est plus récompensée par l'assurance de conserver l'amour, et l'on a échangé un malheur extérieur menaçant — perte de l'amour de l'autorité extérieure et punition de sa part — contre un malheur intérieur continuel, à savoir cet état de tension propre au sentiment de culpabilité.

Ces relations sont si compliquées et si importantes aussi que, malgré les dangers de toute répétition, je voudrais les reprendre d'un autre point de vue. Leur succession dans le temps serait donc la suivante : tout d'abord, renoncement à la pulsion, consécutif à l'angoisse devant l'agression de l'autorité extérieure — angoisse qui repose au fond sur la peur de perdre l'amour, car l'amour protège contre cette agression que constitue la punition ; ensuite, instauration de l'autorité intérieure, renoncement consécutif à l'angoisse devant cette dernière, angoisse morale. Dans le second cas, équation de la mauvaise action et de la mauvaise intention, d'où sentiment de culpabilité et besoin de punition. L'agression par la conscience perpétue l'agression par l'autorité. Jusqu'ici la clarté obtenue est réelle, mais comment faire rentrer dans ce tableau le renforcement de la conscience morale par le malheur (ce renoncement imposé du dehors), ou la rigueur si extraordinaire de celle-ci chez l'être le meilleur et le plus docile ?

Nous avons déjà expliqué ces deux particularités morales, mais vraisemblablement l'impression demeure que ces explications n'ont pas projeté sur elles une lumière complète, ont laissé dans l'ombre certains faits fondamentaux. C'est le lieu d'introduire enfin une conception entièrement propre à la psychanalyse, et totalement étrangère à la pensée humaine traditionnelle. Elle est de nature à nous faire comprendre pourquoi ce sujet devait nous paraître si embrouillé et si opaque, car elle revient à dire : à l'origine la conscience (ou plus exactement l'angoisse qui deviendra plus tard la conscience) est en fait la cause du renoncement à la pulsion, mais ultérieurement la relation se renverse. Tout renoncement pulsionnel devient alors une source d'énergie pour la conscience, puis tout nouveau renoncement intensifie à son tour la sévérité et l'intolérance de celle-ci ; et si nous pouvions mieux accorder ces notions avec l'histoire du développement de la conscience, tel que nous le connaissons déjà, nous serions tentés de nous rallier à la thèse paradoxale suivante : la conscience est la conséquence du renoncement aux pulsions. Ou bien : ce dernier, à nous imposé du dehors, engendre la conscience, laquelle exige alors de nouveaux renoncements.

Somme toute, la contradiction entre cette thèse et notre précédente proposition sur la genèse de la conscience n'est pas très prononcée, et nous voyons un moyen de la réduire encore. Afin de faciliter cet exposé, prenons l'exemple de l'instinct d'agression, et admettons un instant qu'il s'agisse toujours en l'occurrence d'un renoncement à l'agression. Il faut naturellement considérer cette supposition comme provisoire. L'action exercée sur la conscience par ce renoncement est telle que toute fraction d'agressivité que nous nous abstenons de satisfaire est reprise par le Surmoi et accentue sa propre agressivité (contre le Moi). Cette proposition ne s'accorde pas bien avec cette autre énonçant que l'agressivité initiale de la conscience est une survivance de la sévérité de l'autorité extérieure, et donc qu'elle n'a rien de commun avec le phénomène du renoncement. Mais on peut supprimer cette antinomie en faisant dériver d'une autre source cette première armature agressive du Surmoi, en admettant qu'une agressivité considérable a dû se développer chez l'enfant contre l'autorité qui lui défendait les premières, mais aussi les plus importantes, satisfactions ; peu importe d'ailleurs le genre de pulsions auxquelles cette autorité défendait expressément de donner libre cours. Force était à l'enfant de renoncer à satisfaire cette agressivité vindicative. C'est pour s'aider à triompher d'une situation si difficile au point de vue économique qu'il recourt aux mécanismes connus de l'identification, qu'il prend ou instaure en lui cette autorité intangible, laquelle devient alors le Surmoi. Celui-ci s'approprie alors toute l'agressivité qu'on eût préféré en tant qu'enfant pouvoir exercer contre l'autorité elle-même. Quant au Moi de l'enfant, il doit s'accommoder du triste rôle de l'autorité ainsi dégradée — du père. Comme il arrive si souvent, la situation est renversée : « Si j'étais le papa et toi l'enfant, comme je te maltraiterais ! » La relation entre Surmoi et Moi est la reproduction, mais renversée par ce désir, de relations ayant réellement existé jadis entre le Moi encore indivis et un objet extérieur. Et ceci est bien typique. La différence essentielle cependant réside en ce que la rigueur originelle du Surmoi n'est point, ou n'est pas tellement, celle qu'on a éprouvée de sa part, et qu'on lui attribuait en propre, mais bien notre propre agressivité tournée contre ce Surmoi. Si cette vue est conforme aux faits, on est réellement en droit de prétendre que la conscience à l'origine provient de la répression d'une agression, et qu'elle se trouve ensuite renforcée par de nouvelles répressions semblables.

Mais alors, à laquelle de ces deux conceptions donner raison ? A l'ancienne qui, du point de vue génétique, nous paraissait inattaquable, ou à la nouvelle qui parfait si opportunément la théorie ? Evidemment, toutes les deux sont justifiées, ce dont témoigne aussi l'observation directe ; elles ne s'opposent pas l'une à l'autre, se rejoignent même en un point, car l'agressivité vengeresse de l'enfant prendra aussi pour mesure l'agression punitive à laquelle il s'attend de la part du père. L'expérience toutefois nous enseigne que la sévérité du Surmoi qu'élabore un enfant ne reflète nullement la sévérité des traitements qu'il a subis (1). La première semble indépendante de la seconde, un enfant élevé avec une très grande douceur pouvant élaborer une conscience morale extrêmement rigoureuse. Il serait faux pourtant de vouloir exagérer cette indépendance, car il n'est jamais difficile de se convaincre que la rigueur de l'éducation exerce également une forte influence sur la formation du Surmoi infantile. Nous en arrivons à la conclusion que des facteurs constitutionnels innés et des influences du milieu, de l'ambiance réelle, concourent à cette formation et à la naissance de la conscience. Ce fait n'a rien d'étrange ; il constitue au contraire la condition étiologique générale de tous les processus de cet ordre (2).

(1) Comme Melanie Klein et d'autres auteurs anglais l'ont relevé avec justesse.

(2) Dans son ouvrage intitulé *Psychanalyse de la personnalité totale* (1927), Fr. ALEXANDER a très justement mis en évidence les deux types principaux des méthodes pédagogiques pathogènes : la sévérité excessive et la tendance à gâter l'enfant. Son étude confirme celle d'AICHHORN sur *L'Enfance abandonnée*. Un père « exagérément faible et indulgent » donnera occasion à l'enfant de se constituer un Surmoi excessivement sévère, parce qu'un tel enfant, sous l'impression de l'amour dont il est l'objet, n'a d'autre issue que de retourner son agression vers l'intérieur. Chez l'enfant abandonné, élevé sans amour, la tension entre le Moi et le Surmoi tombe, et toute son agression peut se tourner contre l'extérieur. Si donc on fait abstraction d'un facteur constitutionnel conjectural, on est alors en droit d'énoncer que la sévérité de la conscience provient de l'action conjuguée de deux influences vitales : en premier lieu de la privation de satisfactions instinctuelles, laquelle déchaîne l'agressivité ; et en second lieu de l'expérience de l'amour, laquelle fait retourner cette agression à l'intérieur et la transfère au Surmoi.

On peut dire en outre que si l'enfant riposte par une agressivité intense et une sévérité correspondante du Surmoi aux premières grandes privations instinctuelles, il reproduit en cela une réaction de nature phylogénétique. Sa réaction en effet n'est plus justifiée par les circonstances actuelles, comme elle l'était en revanche aux temps préhistoriques où il avait affaire à un père certainement terrible à qui on avait tout lieu d'attribuer une agressivité extrême. Les divergences entre les deux conceptions de la genèse de la conscience s'atténuent donc davantage encore si de l'histoire du développement de l'individu on passe à celle du développement de l'espèce. Mais ici surgit une nouvelle et importante différence entre ces deux processus. Nous ne pouvons pas abandonner notre conception de l'origine du sentiment de culpabilité issu du complexe d'Œdipe et acquis lors du meurtre du père par les frères ligués contre lui. L'agression ne fut pas alors réprimée, mais bel et bien réalisée — cette même agression dont la répression chez l'enfant doit être la source du sentiment de faute. Aussi ne serais-je pas surpris qu'un lecteur irrité s'écriât ici : « Alors il est tout à fait indifférent d'assassiner son père ou non ; de toute façon on « attrapera » un sentiment de culpabilité! On peut se permettre d'en douter quelque peu. Ou il est faux que ce sentiment résulte de l'agression réprimée, ou toute cette histoire de meurtre du père est un roman, et les fils des hommes primitifs n'ont pas plus souvent assassiné leurs pères que les fils actuels n'ont coutume de le faire. Du reste, si ce n'est pas un roman, mais un fait historique plausible, nous aurions alors un cas où serait arrivé ce à quoi tout le monde s'attend, c'est-à-dire où l'on se sent coupable parce qu'on a réellement commis une chose dont on ne peut se justifier. Et pour ce cas-là, qui se produit d'ailleurs tous les jours, la psychanalyse nous doit encore une explication. »

Voilà qui est certain, et la question mérite d'être reprise.

Au demeurant, le mystère qui subsiste n'est pas si grand. Si l'on éprouve un sentiment de culpabilité après avoir fait le mal et parce qu'on l'a fait, il conviendrait de l'appeler plutôt *remords*. Il se rapporte uniquement à un acte coupable et présuppose bien entendu une conscience, une prédisposition à se sentir fautif, préexistante à l'accomplissement de cet acte. Pareil remords ne nous sera donc jamais d'aucun secours pour retrouver l'origine de la conscience et du sentiment de culpabilité en général. Dans ces cas quotidiens, il arrive ordinairement qu'un besoin de nature pulsionnelle réussit à se satisfaire malgré la conscience, dont la puissance aussi a ses limites, et que, grâce à l'affaiblissement naturel du besoin qu'entraîne son assouvissement, le rapport initial des forces en présence se trouve rétabli. La psychanalyse fait donc bien d'écarter de ce débat le cas du sentiment de culpabilité issu du remords, si fréquent qu'il soit et si grande qu'en puisse être l'importance pratique.

Cependant, si le sentiment humain de culpabilité remonte au meurtre du père primitif, c'était bien là un cas de « remords »; et alors cette antériorité, sur l'acte en question, de la conscience et dudit sentiment ne saurait avoir existé. Quelle fut alors l'origine du remords ? A coup sûr, ce cas doit nous livrer le secret du sentiment de culpabilité et mettre fin à notre embarras. C'est d'ailleurs bien à mon avis ce qui en résulte. Ce remords était le résultat de la toute primitive ambivalence des sentiments à l'égard du père : les fils le haïssaient, mais ils l'aimaient aussi. Une fois la haine assouvie par l'agression, l'amour réapparut dans le remords attaché au crime, engendra le Surmoi par identification avec le père, lui délégua le droit et le pouvoir que détenait celui-ci de punir en quelque sorte l'acte d'agression accompli sur sa personne, et enfin dressa les restrictions destinées à en empêcher le retour. Et comme l'agressivité contre le père se rallumait toujours au sein des générations suivantes, le sentiment de culpabilité lui aussi se maintint et se renforça par le transfert au Surmoi de l'énergie propre de chaque nouvelle agression réprimée. Nous voici maintenant, je pense, parvenus à une clarté parfaite sur deux points : la participation de l'amour à la naissance de la conscience, et l'inévitabilité fatale du sentiment de culpabilité. Il est donc exact que le fait de tuer le père, ou de s'en abstenir, n'est pas décisif ; on doit nécessairement se sentir coupable dans les deux cas, car ce sentiment est l'expression du conflit d'ambivalence, de la lutte éternelle entre l'Eros et l'instinct de destruction ou de mort. Ce conflit s'alluma dès l'instant où s'imposa aux hommes la tâche de vivre en commun. Tant que cette communauté connaît uniquement la forme familiale, il se manifeste nécessairement dans le complexe d'Œdipe, institue la conscience et engendre le premier sentiment de culpabilité. Lorsque cette communauté tend à s'élargir, ce même conflit persiste en revêtant des formes dépendantes du passé, s'intensifie et entraîne une accentuation de ce premier sentiment. Comme la civilisation obéit à une poussée érotique interne visant à unir les hommes en une masse maintenue par des liens serrés, elle ne peut y parvenir que par un seul moyen, en renforçant toujours davantage le sentiment de culpabilité. Ce qui commença par le père s'achève par la masse. Si la civilisation est la voie indispensable pour évoluer de la famille à l'humanité, ce renforcement est alors indissolublement lié à son cours, en tant que conséquence du conflit d'ambivalence avec lequel nous naissons, et de l'éternelle querelle entre l'amour et le désir de mort. Et peut-être, un jour, grâce à la civilisation, cette tension du sentiment de culpabilité atteindra-t-elle un niveau si élevé que l'individu le trouvera difficile à supporter. On songe ici à l'imprécation saisissante du grand poète contre les « puissances célestes » :

Vous nous introduisez dans la vie ;
Vous infligez au malheureux la culpabilité
Puis vous l'abandonnez à la peine,
Car toute faute s'expie ici-bas (1).

Et il est bien permis de pousser un soupir quand on s'aperçoit qu'il est ainsi donné à certains hommes de faire surgir, véritablement, sans aucune peine, les connaissances les plus profondes du tourbillon de leurs propres sentiments, alors que nous autres, pour y parvenir, devons nous frayer la voie en tâtonnant sans relâche au milieu de la plus cruelle incertitude.

(1) GŒTHE, Les chants du joueur de harpe, dans *Wilhelm Meister*.

VIII

A la fin d'une excursion pareille, l'auteur doit s'excuser de n'avoir pas été un guide plus habile, de n'avoir su éviter ni parcours arides ni détours difficiles. On peut, sans aucun doute, faire mieux. Aussi vais-je tenter après coup de compenser en partie ces imperfections.

Tout d'abord, je présume avoir donné aux lecteurs l'impression que mes dissertations sur le sentiment de culpabilité dépassent le cadre de cet essai, qu'elles tiennent trop de place, et repoussent à l'arrière-plan les autres aspects du problème qui précisément ne sont pas toujours en liaison intime avec elles. Si ce mémoire en a certes souffert, notre intention toutefois était bien de présenter le sentiment de culpabilité comme le problème capital du développement de la civilisation, et de faire voir en outre pourquoi le progrès de celle-ci doit être payé par une perte de bonheur due au renforcement de ce sentiment (1). Cette proposition est l'aboutissement de

(1) « C'est ainsi que la conscience fait de nous tous des lâches », SHAKESPEARE, monologue de *Hamlet*.

Le fait de cacher aux jeunes le rôle que la sexualité jouera dans leur vie n'est point la seule faute imputable à l'éducation d'aujourd'hui. Car elle pèche aussi en ne les préparant pas à l'agressivité dont ils sont destinés à être l'objet. En laissant aller la jeunesse au-devant de la vie avec une orientation psychologique aussi fausse, l'éducation ne se comporte pas autrement que si l'on s'avisait d'équiper des gens pour une expédition polaire avec des vêtements d'été et des cartes des lacs italiens. En quoi il s'avère qu'elle abuse des prescriptions éthiques. Leur sévérité serait moins funeste si l'éducation disait : « C'est ainsi que les hommes devraient être pour trouver le bonheur et rendre heureux les autres ; mais il faut prévoir qu'ils ne sont pas ainsi. Au lieu de cela, on laisse croire à l'adolescent que tous les autres hommes obéissent à ces prescriptions, qu'ils sont donc tous vertueux. Et si on le lui laisse croire, c'est pour justifier cette exigence qu'il le devienne aussi. »

notre étude ; et si elle garde encore une résonance étrange, cela vient probablement de la relation très spéciale, et décidément toujours incomprise, du sentiment de culpabilité avec notre conscient. Dans les cas ordinaires de remords, nous apparaissant comme normaux, il s'impose avec assez de netteté à notre conscient ; n'avons-nous pas coutume, au lieu de « sentiment de culpabilité » *(Schuldgefühl)*, d'employer en allemand le terme de « conscience de culpabilité » *(Schuldbewusstsein)*. L'étude des névroses, qui nous ouvre les plus précieuses échappées sur la compréhension de l'état normal, nous révèle des situations pleines de contradictions. Dans l'une de ces affections, la névrose obsessionnelle, le sentiment de culpabilité s'impose violemment au conscient, domine le tableau clinique, ainsi que la vie du malade, ne laisse presque plus rien subsister à côté de lui. Mais, dans la plupart des autres cas et formes de névroses, il reste complètement inconscient, sans pour cela produire des effets de moindre importance. Les malades ne nous croient pas quand nous leur attribuons un sentiment de culpabilité « inconscient ». Pour qu'ils nous comprennent, ne fût-ce qu'à moitié, nous leur parlons alors d'un besoin de punition inconscient où se manifeste ce sentiment. Mais il ne faut pas surestimer les rapports existant entre ce dernier et une certaine forme de névrose ; car, dans la névrose obsessionnelle, on rencontre aussi des types de malades qui ne perçoivent pas leur sentiment de culpabilité, ou ne le ressentent comme un malaise douloureux, comme une espèce d'angoisse, qu'au moment précis où ils sont entravés dans l'exécution de certains actes. Sans doute devrait-on en arriver à comprendre toutes ces choses ; le fait est qu'on n'y est pas encore parvenu. Peut-être la remarque sera-t-elle ici bienvenue que le sentiment de culpabilité n'est au fond rien d'autre qu'une variante topique de l'angoisse, et que dans ses phases ultérieures il est absolument identique à *l'angoisse devant le Surmoi.* En effet, en ce qui concerne l'angoisse, nous constatons qu'elle offre par rapport au conscient les mêmes variations extraordinaires. De toute façon, elle se cache derrière tous les symptômes ; mais tantôt elle accapare bruyamment le champ entier de la conscience, tantôt elle se dissimule si parfaitement que nous sommes obligés de parler d'une angoisse inconsciente — ou bien d'une possibilité d'angoisse, si nous tenons à une notion psychologique plus pure de la conscience morale, étant donné que l'angoisse n'est tout d'abord qu'une sensation. Aussi conçoit-on aisément que le sentiment de culpabilité engendré par la civilisation ne soit pas reconnu comme tel, qu'il reste en grande partie inconscient ou se manifeste comme un malaise, un mécontentement auquel on cherche à attribuer d'autres motifs. Les religions, du moins, n'ont jamais méconnu son rôle dans la civilisation. Elles lui donnent le nom de péché, et prétendent même, ce que je n'ai pas assez fait ressortir ailleurs (1), en délivrer l'humanité. De la façon dont le christianisme obtient cette rédemption, par le sacrifice de la vie d'un seul assumant ainsi la faute de tous, nous avons pu déduire à quelle occasion première a été acquis ce sentiment de péché originel, avec lequel débuta la civilisation (2). Il ne sera pas superflu, quoique peut-être sans grande importance, de préciser la signification de certains termes tels que : Surmoi, conscience morale, sentiment de culpabilité, besoin de punition, remords, termes dont nous nous serions servis avec trop de négligence en les employant l'un pour l'autre. Tous se rapportent à la même situation, mais s'appliquent à des aspects différents de celle-ci.

Le Surmoi est une instance découverte par nous, la conscience une fonction que nous lui attribuons parmi d'autres

(1) Je fais allusion à *L'avenir d'une illusion.*
(2) *Totem et tabou*, 1912.

et qui consiste à surveiller et juger les actes et intentions du Moi et à exercer une activité de censure. Le sentiment de culpabilité (la dureté du Surmoi) est donc la même chose que la sévérité de la conscience morale ; il est la perception, impartie au Moi, de la surveillance dont ce dernier est ainsi l'objet. Il mesure le degré de tension entre les tendances du Moi et les exigences du Surmoi ; quant à cette angoisse devant cette instance critique, qui est à la base de toute cette relation et qui engendre le besoin de punition, c'est une manifestation d'une pulsion du Moi devenue masochiste sous l'influence du Surmoi sadique ; autrement dit le premier utilise une partie de sa propre pulsion de destruction intérieure aux fins d'une fixation érotique au Surmoi. On ne devrait pas parler de conscience morale avant d'avoir constaté un Surmoi ; en ce qui concerne le sentiment de culpabilité, il faut admettre qu'il existe avant le Surmoi, donc aussi avant la conscience morale. Il est alors l'expression immédiate de la peur devant l'autorité extérieure, la reconnaissance de la tension entre le Moi et cette dernière, le dérivé immédiat du conflit surgissant entre le besoin de l'amour de cette autorité et l'urgence des satisfactions instinctuelles dont l'inhibition engendre l'agressivité. La superposition de ces deux plans du sentiment de culpabilité — issu de la peur de l'autorité extérieure et de l'autorité intérieure — nous a rendu difficile la compréhension de nombreuses relations de la conscience. L'expression de « remords » désigne dans son ensemble la réaction du Moi dans un cas donné de sentiment de culpabilité ; il inclut tout le cortège des sensations presque intactes de l'angoisse, son ressort caché, à l'œuvre derrière lui. Il est lui-même une punition et peut comporter le besoin de punition ; par conséquent il peut être lui aussi plus ancien que la conscience morale.

Il ne saurait être mauvais de passer en revue une fois encore les contradictions qui ont un instant dérouté nos recherches. Tantôt le sentiment de culpabilité devait être la conséquence d'agressions non réalisées, tantôt, au contraire, conformément à son origine historique qu'est le meurtre du père, résulter d'une agression réalisée. Nous avons d'ailleurs trouvé une issue à cette difficulté. L'instauration de l'autorité intérieure, du Surmoi, avait en fait changé fondamentalement la situation. Auparavant, sentiment de culpabilité et repentir coïncidaient, et nous remarquions alors qu'il fallait réserver le terme de remords à la réaction succédant à l'exécution réelle de l'agression. Dans la suite, en raison de l'omniscience du Surmoi, la distinction entre l'agression intentionnelle et l'agression réalisée perdit de sa valeur. Dans ces conditions, un méfait uniquement médité — comme la psychanalyse l'a vérifié — pouvait tout aussi bien faire naître un sentiment de culpabilité qu'un acte de violence effectif, ainsi que chacun le sait. Après comme avant cette modification, le conflit dû à l'ambivalence des pulsions primitives continuait de marquer de la même empreinte la situation psychologique. On serait très tenté de chercher dans cette direction la solution de l'énigme que pose la grande variabilité des rapports entre le sentiment de culpabilité et l'état de conscience. Issu du remords de la mauvaise action commise, le sentiment de culpabilité devrait toujours être conscient ; issu de la constatation de l'impulsion mauvaise, il pourrait demeurer inconscient. Mais les choses ne sont pas aussi simples, et la névrose obsessionnelle vient y contredire formellement. La seconde contradiction est celle-ci : d'un côté, nous concevions que l'énergie agressive attribuée au Surmoi ne faisait que perpétuer l'énergie primitive de l'autorité extérieure et la conservait ainsi dans notre vie psychique ; de l'autre, et selon une conception différente, il s'agissait plutôt de notre propre agressivité, de celle que nous dirigions contre cette dite autorité inhibitrice, et que nous n'avions pu utiliser. La première doctrine semble plus conforme à l'histoire et la seconde à la théorie du sentiment de culpabilité. Une réflexion plus approfondie nous a amenés à effacer presque trop cette contradiction en apparence irréductible ; le fait essentiel et général qui demeurait, c'était qu'il s'agissait d'une agression retournée à l'intérieur. En fait, l'observation clinique de son côté nous permet d'imputer l'agression attribuée au Surmoi à deux sources différentes dont l'une ou l'autre peut dans certains cas particuliers exercer l'action principale, mais qui généralement agissent de concert.

Le moment me semble venu de prendre sérieusement parti pour une conception que j'avais proposée tout à l'heure à titre provisoire. Dans la littérature psychanalytique la plus récente se fait jour une prédilection pour cette théorie que toute espèce de privation, que toute entrave à une satisfaction pulsionnelle, entraîne ou peut entraîner une aggravation du sentiment de culpabilité (1). Je crois, pour ma part, qu'on réduit considérablement les difficultés théoriques en n'appliquant ce principe qu'aux seules pulsions *agressives* ; et l'on ne trouvera pas beaucoup d'arguments qui contredisent cette hypothèse. Car comment expliquer dynamiquement et économiquement qu'aux lieu et place d'une exigence érotique insatisfaite se produise un renforcement du sentiment de culpabilité ? Cela ne me semble donc possible qu'au moyen du détour suivant : l'empêchement de la satisfaction érotique entraîne une certaine agressivité contre la personne qui empêche cette satisfaction, et il faut que cette agressivité soit à son tour réprimée. Mais, dans ce cas, une fois réprimée et transférée au Surmoi, c'est l'agressivité seule qui se mue en sentiment de culpabilité. Nous pourrions, j'en suis persuadé, faire saisir d'une façon plus simple et plus pénétrante bien

(1) En particulier dans les ouvrages de E. Jones, Suzanne Isaacs, Melanie Klein, et, si je comprends bien, aussi dans ceux de Reik et d'Alexander.

des processus psychiques si nous limitions les découvertes psychanalytiques relatives au sentiment de culpabilité à sa dérivation des pulsions agressives seules. L'interrogation du matériel clinique ne donne pas ici de réponse univoque, parce que, en effet, comme nous l'avions pressenti, les deux espèces de pulsions ne se manifestent presque jamais à l'état pur, isolées l'une de l'autre. Mais si nous prenons en considération des cas extrêmes, ils nous orienteront sans doute dans la direction que je prévois. Je suis tenté d'utiliser dès maintenant cette conception plus rigoureuse en l'appliquant au mécanisme du refoulement. Les symptômes des névroses sont, nous l'avons appris, essentiellement des substituts de satisfactions de désirs sexuels non exaucés. Au cours de notre travail analytique, nous avons eu la surprise de découvrir que peut-être toute névrose recèle une dose de sentiment de culpabilité inconscient, lequel rend à son tour les symptômes plus tenaces en les utilisant comme punitions. Il semble donc indiqué d'énoncer la formule suivante : quand une pulsion instinctive succombe au refoulement, ses éléments libidinaux se transforment en symptômes, ses éléments agressifs en sentiment de culpabilité. Même si cette distinction n'est juste que d'une façon approximative, elle mérite notre intérêt.

Maint lecteur de cet essai a peut-être gardé l'impression d'avoir trop souvent entendu parler du combat entre l'Eros et l'instinct de mort ! Cette formule était appelée à caractériser le processus culturel qui se déroule au-dessus de l'humanité, mais d'autre part elle s'appliquait aussi au développement de l'individu ; elle voulait en outre dévoiler le mystère de la vie organique en général. Il semble indispensable d'examiner les rapports de ces trois processus entre eux. La répétition de ladite formule est alors justifiée si l'on considère que le processus culturel de l'humanité, comme le développement de l'individu, sont des processus vitaux, qu'ils doivent donc participer du caractère le plus général des phénomènes de la vie. D'autre part, c'est précisément pour cela que la constatation de ce trait général ne conduit à aucune caractéristique différentielle tant que certaines conditions particulières ne viennent pas le délimiter. Aussi, seule, cette formulation nous satisfera-t-elle : le processus de civilisation répondrait à cette modification du processus vital subie sous l'influence d'une tâche imposée par l'Eros et rendue urgente par Ananké, la nécessité réelle, à savoir l'union d'êtres humains isolés en une communauté cimentée par leurs relations libidinales réciproques. Mais si nous envisageons les rapports entre le processus de civilisation de l'humanité et le processus de développement ou d'éducation de l'individu, nous n'hésiterons pas longtemps à déclarer que tous deux sont de nature très semblable, si même ils ne sont pas des processus identiques, s'appliquant à des objets différents. La civilisation de la race humaine est naturellement une abstraction d'un ordre plus élevé que le développement de l'individu, et par cela même, plus difficile à saisir d'une façon concrète ; d'ailleurs, il ne faut pas céder à la fringale de dépister des analogies. Toutefois, étant donné l'unité de nature des buts proposés : d'une part l'agrégation d'un individu à une masse humaine, de l'autre la constitution d'une unité collective à l'aide de nombreux individus, l'homogénéité des moyens employés et des phénomènes réalisés dans les deux cas ne saurait nous surprendre. Mais un trait distinctif de ces deux processus, vu son extrême importance, ne doit pas être passé plus longtemps sous silence. Au cours du développement de l'homme isolé, le programme du principe du plaisir, soit la recherche du bonheur, est maintenu comme but principal, tandis que l'agrégation ou l'adaptation à une communauté humaine apparaît comme une condition presque inévitable et qu'il nous faut remplir au titre même de notre poursuite du bonheur. Si cette condition était absente, peut-être cela vaudrait-il mieux. En d'autres termes, le développement individuel apparaît comme le produit de l'interférence de deux tendances : l'aspiration au bonheur que nous appelons généralement « égoïsme » et l'aspiration à l'union avec les autres membres de la communauté que nous qualifions d' « altruisme ». Ces deux désignations restent d'ailleurs assez superficielles. Dans le développement individuel, nous l'avons déjà dit, l'accent principal est porté le plus souvent sur la tendance égoïste ou aspiration au bonheur ; l'autre tendance, qu'on pourrait appeler civilisatrice, se contente en règle générale d'un rôle restrictif. Dans l'évolution culturelle, les choses se passent autrement. Ici, l'agrégation des individus isolés en unité collective est de beaucoup le principal ; le propos de les rendre heureux existe certes encore, mais il est relégué à l'arrière-plan. On a presque l'impression que la création d'une grande communauté humaine réussirait au mieux si l'on n'avait pas à se soucier du bonheur de l'individu. Le développement individuel est donc en droit d'avoir ses traits particuliers, qui ne se retrouvent pas dans le processus de civilisation collective. Et le premier ne concorde nécessairement avec le second que dans la mesure où il a pour but l'inclusion de l'individu dans la société.

Comme une planète tourne autour de son axe tout en évoluant autour de l'astre central, l'homme isolé participe au développement de l'humanité tout en suivant la voie de sa propre vie. Mais à nos regards bornés, lorsqu'ils contemplent la voûte céleste, le jeu des forces cosmiques semble figé en un ordre éternellement immuable ; tandis que, dans les processus organiques, nous pouvons encore discerner le jeu des forces en lutte et observer comment les résultats du conflit vont sans cesse variant. De même que les deux tendances, l'une visant au bonheur personnel, l'autre à l'union à d'autres êtres humains, doivent se combattre en chaque individu, de même les deux processus du développement individuel et du développement de la civilisation doivent forcément être antagonistes et se disputer le terrain à chaque rencontre. Mais ce combat entre l'individu et la société n'est point dérivé de l'antagonisme vraisemblablement irréductible entre les deux pulsions originelles, l'Eros et la Mort. Il répond à une discorde intestine dans l'économie de la libido, comparable à la lutte pour la répartition de celle-ci entre le Moi et les objets. Or ce combat, si pénible qu'il rende la vie à l'individu actuel, autorise en celui-ci un équilibre final ; espérons qu'à l'avenir il en sera de même pour la civilisation.

L'analogie existant entre le processus de la civilisation et la voie suivie par le développement individuel peut être poussée beaucoup plus loin, car on est en droit de soutenir que la communauté elle aussi développe un Surmoi dont l'influence préside à l'évolution culturelle. Ce serait là une tâche bien séduisante pour un connaisseur des civilisations que de poursuivre cette analogie jusque dans ses détails. Je me bornerai à souligner ici quelques points frappants. Le Surmoi d'une époque culturelle donnée a une origine semblable à celle du Surmoi de l'individu ; il se fonde sur l'impression laissée après eux par de grands personnages, des conducteurs, des hommes doués d'une force spirituelle dominatrice chez lesquels l'une des aspirations humaines a trouvé son expression la plus forte et la plus pure, et par cela même aussi la plus exclusive. L'analogie en beaucoup de cas va encore plus loin, car ces personnalités ont été de leur vivant — assez souvent, sinon toujours — bafouées par les autres, maltraitées ou même éliminées de façon cruelle. Leur sort est au fond analogue à celui du père primitif qui, longtemps seulement après avoir été brutalement mis à mort, prenait rang de divinité. La figure de Jésus-Christ est précisément l'exemple le plus saisissant de cet enchaînement commandé par le destin, si au demeurant elle n'appartient pas au mythe qui lui a donné le jour en souvenir confus de ce meurtre primitif. Mais il y a un autre point concordant, c'est que le « Surmoi de la communauté civilisée » (1), tout comme le Surmoi individuel, émet des exigences idéales sévères, dont la non-observation trouve aussi sa punition dans une « angoisse de la conscience morale ». Et alors il se produit ici un fait bien curieux : les mécanismes psychiques dont il est question nous sont plus familiers, notre esprit les pénètre mieux sous leur aspect collectif que sous leur aspect individuel. Chez l'individu les agressions du Surmoi n'élèvent la voix de façon bruyante, sous forme de reproches, qu'en cas de tension psychique, tandis que les exigences elles-mêmes du Surmoi demeurent à l'arrière-plan et restent souvent inconscientes. Les rend-on conscientes, on constate alors qu'elles coïncident avec les prescriptions du Surmoi collectif contemporain. En ce point les deux mécanismes, celui du développement culturel de la masse et celui du développement propre à l'individu, sont pour ainsi dire régulièrement et intimement accolés l'un à l'autre. C'est pourquoi maintes manifestations et maints caractères du Surmoi peuvent être plus faciles à reconnaître d'après son comportement au sein de la communauté civilisée que de l'individu pris isolément.

Le Surmoi collectif a élaboré ses idéals et posé ses exigences. Parmi ces dernières, celles qui ont trait aux relations des hommes entre eux sont résumées par le terme général d'Ethique. De tout temps, l'on a attaché la plus grande valeur à cette dite éthique, comme si on attendait d'elle qu'elle dût accomplir de grandes choses. Elle s'attaque en effet, il est aisé de s'en rendre compte, au point le plus faible de toute civilisation.

(1) Cette périphrase pour traduire le mot composé et concis de « Kultur-Überich ». Au cours des pages suivantes, nous la rendrons de façon résumée par le terme de « Surmoi collectif », étant entendu qu'il s'applique au degré de civilisation d'une collectivité donnée. *(N.d.T.)*

Il convient donc de voir en elle une sorte de tentative thérapeutique, d'effort d'obtenir, à l'aide d'un impératif du Surmoi, ce que jusque-là la civilisation n'avait pu obtenir par le moyen d'autres disciplines. Ici, nous l'avons déjà reconnu, le problème consiste à écarter l'obstacle le plus grand rencontré par la civilisation, à savoir l'agressivité constitutionnelle de l'être humain contre autrui : d'où l'intérêt tout particulier du plus récent des commandements du Surmoi collectif : « Aime ton prochain comme toi-même. » L'étude des névroses, ainsi que leur traitement nous amènent à formuler deux objections au Surmoi de l'individu : par la sévérité de ses ordres et de ses interdictions, il se soucie trop peu du bonheur du Moi, et d'autre part il ne tient pas assez compte des résistances à lui obéir ; de la force des pulsions du soi et des difficultés extérieures. Ainsi sommes-nous très souvent obligés dans un but thérapeutique de lutter contre lui et nous efforçons-nous de rabaisser ses prétentions. Or, nous sommes en droit d'adresser des reproches très analogues au Surmoi collectif touchant ses exigences éthiques. Car lui non plus ne se soucie pas assez de la constitution psychique humaine : il édicte une loi et ne se demande pas s'il est possible à l'homme de la suivre. Il présume bien plutôt que tout ce qu'on lui impose est psychologiquement possible au Moi humain, et que ce Moi jouit d'une autorité illimitée sur son soi. C'est là une erreur ; même chez l'homme prétendu normal, la domination du soi par le Moi ne peut dépasser certaines limites. Exiger davantage, c'est alors provoquer chez l'individu une révolte ou une névrose, ou le rendre malheureux. Le commandement : « Aime ton prochain comme toi-même » est à la fois la mesure de défense la plus forte contre l'agressivité et l'exemple le meilleur des procédés antipsychologiques du Surmoi collectif. Ce commandement est inapplicable, une inflation aussi grandiose de l'amour ne peut qu'abaisser sa valeur, mais non écarter le péril. La civilisation néglige tout cela, elle se borne à décréter que plus l'obéissance est difficile, plus elle a de mérite. Seulement, celui qui dans l'état actuel de la civilisation se conforme à pareille prescription ne fait qu'agir à son propre désavantage au regard de celui qui se place au-dessus d'elle. Quel obstacle puissant à la civilisation doit être l'agressivité si s'en défendre rend tout aussi malheureux que s'en réclamer! L'éthique dite naturelle n'a rien ici à nous offrir que la satisfaction narcissique de pouvoir nous estimer meilleurs que les autres. L'éthique, qui s'appuie sur la religion, agite ses promesses d'un au-delà meilleur. Tant que la vertu ne sera pas récompensée ici-bas, l'éthique, j'en suis convaincu, prêchera dans le désert. Il me semble hors de doute aussi qu'un changement réel de l'attitude des hommes à l'égard de la propriété sera ici plus efficace que n'importe quel commandement éthique ; mais cette juste vue des socialistes est troublée et dépouillée de toute valeur pratique par une nouvelle méconnaissance idéaliste de la nature humaine.

L'étude attentive du rôle joué par un Surmoi dans les manifestations du processus culturel me semble devoir promettre à qui veut bien s'y appliquer d'autres clartés encore. Je me hâte de conclure. Pourtant, il m'est difficile d'éviter une question. Si l'évolution de la civilisation présente de telles ressemblances avec celle de l'individu, et que toutes deux usent des mêmes moyens d'action, ne serait-on pas autorisé à porter le diagnostic suivant : la plupart des civilisations ou des époques culturelles — même l'humanité entière peut-être — ne sont-elles pas devenues « névrosées » sous l'influence des efforts de la civilisation même ? On pourrait adjoindre au catalogue psychanalytique de ces névroses des propositions thérapeutiques, prétendant à bon droit offrir un grand intérêt pratique. Je ne saurais dire qu'une pareille tentative d'application de la psychanalyse à la communauté civilisée serait absurde ou condamnée à la stérilité. Mais il faudrait procéder avec beaucoup de prudence, ne pas oublier qu'il s'agit uniquement d'analogies, et qu'enfin non seulement les êtres humains, mais aussi les concepts, ne sauraient être arrachés sans danger de la sphère dans laquelle ils sont nés et se sont développés. Au surplus, le diagnostic des névroses collectives se heurte à une difficulté particulière. Dans le cas de la névrose individuelle, le premier point de repère utile est le contraste marqué entre le malade et son entourage considéré comme « normal ». Pareille toile de fond nous fait défaut dans le cas d'une maladie collective du même genre ; force nous est de la remplacer par quelque autre moyen de comparaison. Quant à l'application thérapeutique de nos connaissances... à quoi servirait donc l'analyse la plus pénétrante de la névrose sociale, puisque personne n'aurait l'autorité nécessaire pour imposer à la collectivité la thérapeutique voulue ? En dépit de toutes ces difficultés, on peut s'attendre à ce qu'un jour quelqu'un s'enhardisse à entreprendre dans ce sens la pathologie des sociétés civilisées.

Pour différentes raisons, tout jugement de valeur sur la civilisation humaine est bien loin de ma pensée. Je me suis efforcé d'échapper au préjugé proclamant avec enthousiasme que notre civilisation est le bien le plus précieux que nous puissions acquérir et posséder ; et que ses progrès nous élèveront nécessairement à un degré insoupçonné de perfection. Du moins puis-je écouter sans indignation ce critique qui, après avoir considéré les buts poursuivis par la tendance civilisatrice et les moyens dont elle use, se croit obligé de conclure que tous ces efforts n'en valent pas la peine, et ne sauraient aboutir qu'à un état insupportable pour l'individu. Mais il m'est facile d'être impartial, pour la raison que dans ce domaine je sais bien peu de choses. Je n'en sais qu'une seule, en toute certitude, c'est que les jugements de valeur portés par les hommes leur sont indiscutablement inspirés par leurs désirs de bonheur, et qu'ils constituent ainsi une tentative d'étayer d'arguments leurs illusions. Je comprendrais fort bien que quelqu'un s'appliquât à relever le caractère d'impulsion fatale affecté par la civilisation humaine, et fît remarquer par exemple que la tendance à restreindre la vie sexuelle, ou à réaliser l'idéal humanitaire aux dépens de la sélection, répond à des orientations évolutives que rien ne saurait influencer ni détourner de leur voie, et devant lesquelles mieux vaut s'incliner, comme s'il s'agissait de nécessités naturelles. L'objection faite à cette manière de voir m'est bien connue : ces dites tendances, considérées comme irrévocables, n'ont-elles pourtant pas été souvent, au cours de l'histoire humaine, écartées au profit d'autres ? Aussi, n'ai-je pas le courage de m'ériger en prophète devant mes frères ; et je m'incline devant le reproche de n'être à même de leur apporter aucune consolation. Car c'est bien cela qu'ils désirent tous, les révolutionnaires les plus sauvages non moins passionnément que les plus braves piétistes.

La question du sort de l'espèce humaine me semble se poser ainsi : le progrès de la civilisation saura-t-il, et dans quelle mesure, dominer les perturbations apportées à la vie en commun par les pulsions humaines d'agression et d'autodestruction ? A ce point de vue, l'époque actuelle mérite peut-être une attention toute particulière. Les hommes d'aujourd'hui ont poussé si loin la maîtrise des forces de la nature qu'avec leur aide il leur est devenu facile de s'exterminer mutuellement jusqu'au dernier. Ils le savent bien, et c'est ce qui explique une bonne part de leur agitation présente, de leur malheur et de leur angoisse. Et maintenant, il y a lieu d'attendre que l'autre des deux « puissances célestes », l'Eros éternel, tente un effort afin de s'affirmer dans la lutte qu'il mène contre son adversaire non moins immortel.

Imprimé en France
Imprimerie des Presses Universitaires de France
73, avenue Ronsard, 41100 Vendôme
Avril 1992 — N° 38 114

BIBLIOTHÈQUE DE PSYCHANALYSE

Fondée par Daniel Lagache

Directeur : Jean Laplanche

SIGMUND FREUD. La vie sexuelle (8e éd.).
Abrégé de psychanalyse (10e éd.).
Inhibition, symptôme et angoisse (9e éd.).
Cinq psychanalyses (16e éd.).
La naissance de la psychanalyse (6e éd.).
Etudes sur l'hystérie (10e éd.).
La technique psychanalytique (9e éd.).
Malaise dans la civilisation (11e éd.).
L'avenir d'une illusion (9e éd.).
Névrose, psychose et perversion (7e éd.).
L'Homme aux rats. Journal d'une analyse (2e éd. rev. et corr.).
Contribution à la conception des aphasies (2e éd.).
Résultats, idées, problèmes, I (1890-1920) (4e éd.).
Résultats, idées, problèmes, II (1921-1938) (2e éd.).

ANZIEU (D.). Le psychodrame analytique chez l'enfant et l'adolescent (2e éd. refondue).
— L'auto-analyse de Freud et la découverte de la psychanalyse (3e éd. entièrement refondue en un seul vol.).

BANNISTER (K.). Problèmes du mariage.

BAUMEYER (F.) et divers. Le cas Schreber.

BERTHELSEN (D.). La famille Freud au jour le jour.

BION (W. R.). Recherches sur les petits groupes (6e éd.).
— Aux sources de l'expérience (2e éd.).
— Eléments de la psychanalyse.
— Transformations.
— Réflexion faite.

BONAPARTE (M.). Introduction à la théorie des instincts.
— Psychanalyse et biologie.
— Psychanalyse et anthropologie.
— La sexualité de la femme (3e éd. revue).

BORNEMAN (E.). Psychanalyse de l'argent.

BYCHOWSKI (G.) et DESPERT (J.). Techniques spécialisées de la psychothérapie.

CAHN (P.). La relation fraternelle chez l'enfant.

DAYAN (M.). Inconscient et réalité.
— Les relations au réel dans la psychose.

DEUTSCH (H.). La psychologie des femmes, 2 vol. (coll. « Quadrige »).

EISSLER (K. R.). Léonard de Vinci. Etude psychanalytique sur l'énigme.

FEDERN (P.). La psychologie du moi et les psychoses.

FENICHEL (O.). Problèmes de technique psychanalytique.
— La théorie psychanalytique des névroses, 2 vol. (3e et 4e éd.).

FREUD (A.). Le moi et les mécanismes de défense (12e éd.).
— Le traitement psychanalytique des enfants (5e éd.).

GARMA (A.). La psychanalyse des rêves.
— La psychanalyse et les ulcères gastroduodénaux.
— Les maux de tête.
— Le rêve. Traumatisme et hallucination.

GLOVER (E.). Freud ou Jung ? (2e éd.).

GRANOFF (W.) et REY (J.-M.). L'occulte, objet de la pensée freudienne.

GREENSON (R. R.). Technique et pratique de la psychanalyse.

GUEX (G.).	Le syndrome d'abandon (2e éd. revue et augmentée).
HARTMANN (H.).	La psychologie du moi et le problème de l'adaptation.
JACOBY (R.).	Otto Fenichel : destins de la gauche freudienne.
JONES (E.).	La vie et l'œuvre de Sigmund Freud : T. I : *La jeunesse (1856-1900)* (4e éd.). T. II : *Les années de maturité (1901-1919)* (4e éd.). T. III : *Les dernières années (1919-1939)* (3e éd.).
KLEIN (M.).	La psychanalyse des enfants (8e éd.).
—	Développements de la psychanalyse (en coll. avec P. Heimann, S. Isaacs et J. Rivière) (6e éd.).
LAGACHE (D.).	Œuvres. I : Les hallucinations verbales et travaux cliniques.
—	Œuvres. II : Le psychologue et le criminel.
—	Œuvres. III : Le transfert et autres travaux psychanalytiques.
—	Œuvres. IV : Agressivité, structure de la personnalité et autres travaux.
—	Œuvres. V : De la fantaisie à la sublimation.
—	Œuvres. VI : La folle du logis. La psychanalyse comme science exacte.
LANGS (R.).	Thérapie de vérité - Thérapie de mensonge.
LAPLANCHE (J.).	Hölderlin et la question du père (2e éd.).
—	Problématiques : I : *L'angoisse* (2e éd.). II : *Castration - Symbolisations* (2e éd.). III : *La sublimation* (2e éd.). IV : *L'inconscient et le ça*. V : *Le baquet - Transcendance du transfert*.
—	Nouveaux fondements pour la psychanalyse (2e éd. avec index général des *Problématiques*).
LAPLANCHE (J.) et PONTALIS (J.-B.).	Vocabulaire de la psychanalyse (9e éd.).
LŒWENSTEIN (R.).	Psychanalyse de l'antisémitisme.
MAHONY (P.-J.).	Freud et l'Homme aux rats.
MALCOLM (J.).	Tempête aux Archives Freud.
MIJOLLA-MELLOR (S. de).	Le plaisir de pensée.
MOSCOVICI (S.).	La psychanalyse, son image et son public (2e éd. entièr. ref.).
NACHT (S.).	De la pratique à la théorie psychanalytique.
NUNBERG (H.).	Principes de psychanalyse.
PRIBRAM (K. H.) et GILL (M. M.).	Le « Projet de psychologie scientifique » de Freud : un nouveau regard.
RANK (O.) et SACHS (H.).	Psychanalyse et sciences humaines.
REIK (T.).	Mythe et culpabilité.
ROSEN (J. N.).	L'analyse directe.
ROSOLATO (G.).	Le sacrifice. Repères psychanalytiques.
SANDLER (J.).	L'analyse de défense : entretiens avec Anna Freud.
SCHAFER (R.).	L'attitude analytique.
—	Un nouveau langage pour la psychanalyse.
SECHEHAYE (M.-A.).	Journal d'une schizophrène (8e éd.).
—	Introduction à une psychothérapie des schizophrènes (2e éd.).
SEGAL (H.).	Introduction à l'œuvre de Melanie Klein (6e éd.).
—	Melanie Klein : développement d'une pensée.
SPITZ (R. A.).	Le non et le oui (4e éd.).
SPITZ (R. A.) et COBLINER (W. G.).	De la naissance à la parole (7e éd.).
WIDLÖCHER (D.).	Freud et le problème du changement.